Irmtraud Tarr Krüger

Vom leichten Glück der einfachen Dinge

HERDER / SPEKTRUM

Band 5024

Das Buch

Innehalten, Spüren, Genießen, zu sich selber kommen, der Seele Atem und neuen Spielraum geben, darum geht es. Die Kraftquellen im Alltag zu entdecken und der eigenen Zeit mehr Leben zu geben, das ist die Kunst. Lebenskunst – das heißt: im eigenen Leben den Möglichkeiten des Glücks nachzuspüren, ohne großen Aufwand, ohne anstrengende Aktivitäten. Wie dies geht, dazu inspirieren diese Texte ganz direkt und unmittelbar. Irmtraud Tarr Krüger geht davon aus, daß wir das Glück nur in uns selber finden. Sie richtet den Blick auf jene leichten, kleinen Dinge, jene scheinbar unscheinbaren Möglichkeiten, die kleine – und nicht selten große Wunder bewirken können: sich wieder auf das Wesentliche besinnen und die kleinen Pausen im Alltag einsetzen, um wieder Kraft zu gewinnen für die vielfältigen Aufgaben, die wir ja doch erledigen müssen. Irmtraud Tarr Krüger zeigt, wie sich der ganz normale Alltag verwandeln läßt. Das Warten etwa positiv zu sehen, Stille ganz bewußt zu erfahren, kleine Rituale auszuprobieren, die einem Tag eine ganz besondere Qualität und eine selige Schwerelosigkeit verleihen können. Ein Buch, das Lust macht, einmal – ganz konkret und hier und jetzt – auszuprobieren, wie es ist, langsam zu gehen, einfach einmal zu singen, ein kleines Nickerchen zu machen, sich bewußt Zeit für ein Gespräch zu nehmen, auch wenn noch soviel zu erledigen ist. Die meditativen und nachdenklichen Texte führen direkt in die Versuchung, der Freude eine Chance zu geben, Zeit und Leben für sich selbst zu gewinnen.

Die Autorin

Dr. Irmtraud Tarr Krüger ist Psychotherapeutin und Musiktherapeutin in eigener Praxis in Rheinfelden. Sie ist außerdem tätig als Konzertorganistin sowie Autorin mehrerer erfolgreicher Bücher.

Irmtraud Tarr Krüger

Vom leichten Glück der einfachen Dinge

Kleine Freuden – große Wirkung

Herder
Freiburg · Basel · Wien

Gedruckt auf umweltfreundlichem,
chlorfrei gebleichtem Papier

Originalausgabe

Satz: Fotosetzerei G. Scheydecker, Freiburg i. Br.
Herstellung: Freiburger Graphische Betriebe 1998
Umschlaggestaltung: Joseph Pölzelbauer
Umschlagbild: Paul Cézanne, Stilleben (1900–1905)
ISBN 3-451-05024-2

Inhalt

Hin zur Lebendigkeit

Es sind keineswegs nur die großen Überlastungen und Überforderungen, die Menschen krank machen, vielmehr sind es die kleinen täglichen Belastungssituationen im Alltag – die defekte Heizung, das Warten an der Kasse, der verlegte Schlüssel, das klingelnde Telefon, der überladene Terminkalender. Diesen gilt es entgegenzuwirken. Über die Ursachen von Streß ist inzwischen viel publiziert worden, und es gibt bereits genügend Ratgeber zur Bewältigung von Streß, die sich damit beschäftigen, wie sich Streß vermeiden und bewältigen läßt. Die generelle Blickrichtung ist dabei: Streß vermeiden, Zeit und Arbeit besser organisieren.

Die Ausrichtung dieses Buches ist eine andere: statt weg von negativen Zuständen und Streß, will sie Wege, kleine Pfade aufzeigen, die uns hin zu unseren Sinnen und damit zu Sinn und Lebendigkeit führen. Das hat mit meiner persönlichen Vorliebe zu tun: Ich fühle mich wohler in den kleinen Nischen der Sinnlichkeit und der Lebensfreude. Sie sind für mich überschaubare Welten. Wenn ich sie erlebe, fühle ich, wie sie mich aus dem Strudel des Lärms und der Verwirrung herauslösen, wie sie helfen, dem Sog der auflösenden Kräfte der Umwelt zu widerstehen.

Die Gefahr, die schlichten, bescheidenen, stillen Werte zu vernachlässigen, ist in unserer lauten Zeit groß. Genauso wie die Medien, neigen auch wir dazu, unsere Konzentration nur auf die großen, außergewöhnlichen Ereignisse des Lebens zu richten, vor denen die kleinen Dinge des Alltags verblassen. Aber gerade die naheliegenden, einfachen Dinge sind es, die mehr zu unserem Glück beitragen als die starken Sensationen. Glück in sich selbst zu finden, ist vielleicht mitunter schwer, aber anderswo findet man es bestimmt nicht. Schlichte, einfache Freuden – ein Essen mit Freunden, ein Sonnenbad, ein herzhaftes Lachen, ein Schwatz mit einem Bekannten, ein vertrödelter Morgen, der Sonntagskuchen, der Geruch von frischen Kräutern, Klavier spielen – all diese kleinen Freuden geben uns Auftrieb und machen unser Leben reicher.

Auch meine Erfahrung als Psychotherapeutin hat mir gezeigt, wie Lebensbewältigung vor allem mit Lebendigkeit, Lebensfreude, Genuß und Wohlbefinden zu tun hat. Sorgfalt im Kleinen ermöglicht erst Sorgfalt im Großen. Die mächtige Religion des alltäglichen Lebens, deren Sakramente in diesem Buch Innehalten, Spüren, Genießen, Besinnen und Betrachten sind (oder für manche noch konkreter: der Geruch frischer Kräuter, eine Tasse Kaffee mit einem Freund, die im Winde wehende Wäsche), scheinen mir oft weit bekömmlicher als manches, was sich heute als Fitneßmethode ausgibt. Inzwischen gibt es dafür sogar eine neue Forschungsrichtung, für die der Medizinsoziologe Antonovsky den Begriff „Salutogenese" geprägt hat. Sie beschäftigt sich mit schützenden Faktoren, die Menschen selbst unter belastenden Lebensbedingungen vor Krankheit bewahren. Auch hier die überraschende Erkenntnis: Nicht die heißersehnten großen Ereignisse, die gewaltigen Erfolge, sondern die kleinen, häufig übersehenen, alltäglichen Vorkommnisse sind es, die auf lange Sicht Glück und Zufriedenheit erzeugen und dadurch auch die Gesundheit fördern.

Hat man in dieser Welt Zeit genug, die kleinen Freuden des Alltags zu lieben, die Dinge von nahem zu sehen, bei der Sache zu bleiben und etwas in die Tiefe zu graben? Ich glaube, daß wir gerade durch das Ernstnehmen der kleinen Dinge Sinn für die großen Werte entwickeln, denn schließlich kommt das Große aus dem Kleinen. Oder anders gesagt: die kleinen Dinge können wahre Fundgruben für große Kräfte sein, weil das Große in den kleinen Dingen enthalten ist. Besonders eindrücklich wurde mir diese Erkenntnis durch meinen Freund Fritz, der mir eine Lupe schenkte. Plötzlich nahm ich die Welt eines Steines wie neu wahr. Die Lupe schenkte mir den frischen Blick eines Kindes wieder. Ich mußte nicht weit reisen, direkt vor mir tat sich ein kleines All auf. Ein Keim von Träumerei mitten im Alltag, der mir für einen Moment den vergrößernden Blick eines Kindes zurückgab.

Unser Alltag ist voll von solchen Möglichkeiten, jedoch ist dieses Wissen nur hilfreich, wenn wir es auch am eigenen Leib erfahren. Häufig verlieren wir unter dem Druck äußerer Pflichten den Kontakt zu dem, was uns lebendig und frisch erhält. Deswegen brauchen wir Impulse, die uns ermutigen, eingefahrene Verhaltensweisen abzuschütteln, und Menschen, die uns an unsere vom Aussterben bedrohten Freuden erinnern. Die beschriebenen Anregungen sollen nicht als Rezepte betrachtet werden, sondern als Wegweiser zu verschütteten Quellen und Oasen der Lebensfreude. Die meisten Vorschläge stehen außerhalb der Welt des Nutzens, denn sie sind einfach da. Wie so vieles, was glücklich macht, kosten sie nicht mehr als ein paar Pfennige und dauern nicht länger als ein paar Minuten.

Die aus vielen Bereichen kommenden Überlegungen und Anregungen sollen Ihnen die Gelegenheit geben, Ihre eigenen Einstellungen und Verhaltensweisen wahrzunehmen und anhand der eingeflochtenen Übungen und Anregungen neue Sichtweisen und Ideen auszuprobieren. Ich gehe davon aus, daß jeder Mensch ein Wissen in sich trägt, das ihm zeigt, was ihm guttut. Deswegen kann es keine einfachen Rezepte geben, sondern eher Fragen, Hinweise oder Entdeckungsmöglichkeiten, die Ihren Verhaltensschatz erweitern. Lassen Sie sich von Ihrer Neugier und Entdeckungslust leiten, sie sind die wichtigsten Verbündeten auf dem Weg zu mehr Lebensfreude im Alltag. Betrachten Sie dieses Buch wie eine kleine Entdeckungsreise. Anhand der fünf Wegweiser – „Innehalten“, „Spüren“, „Genießen“, „Besinnen“, „Betrachten“ – können Sie sich orientieren und sich dem Pfad zuwenden, der Sie anspricht. Auch wenn diese Pfade als Einheiten vorgestellt werden, so weisen sie doch auf einen größeren Zusammenhang hin. Bei allen fünf Pfaden handelt es sich um Zugänge zum Alltag, die Sie mit Ihrem Wahrnehmen und Erleben in Fühlung bringen wollen. Folgen Sie den Vorschlägen nach Belieben, wiederholen Sie die, die Sie ansprechen, und lassen Sie die weg, die Sie nicht ansprechen – oder „lesen“ Sie das Buch einfach und lassen es auf sich wirken. Zumindest werden Sie erkennen, daß Sie nicht auf das „große Glück“ warten müssen, sondern daß es sich schon heute einstellen kann, wenn Sie einen kleinen Schritt tun. Lassen Sie mich wissen, wie Sie die Freude an den einfachen Dingen des Alltags wiederentdeckt haben, wie Sie begonnen haben zu entscheiden, wie Sie leben möchten.

Innehalten

Seit mir klar wurde, daß es im Leben viel mehr zu erinnern als zu vergessen gibt, nehme ich mir am Ende eines Tages die Zeit, innezuhalten und über ihn nachzudenken. Habe ich heute gelacht? Genügend für andere oder für mich selbst gesorgt? Meine Umgebung, die Bäume oder die Pflanzen um mich herum wahrgenommen? Überraschenderweise benötigt dieses Innehalten nicht viel Zeit, aber seine Auswirkungen sind erstaunlich. Womit hängt das zusammen? Beim Innehalten handelt es sich um einen Prozeß, der es uns ermöglicht, sich Zeit zu nehmen, um sein Leben zu überprüfen, um jenen Frieden zu finden, der das Verstehen übersteigt. Wir werden tagtäglich von unzähligen Anregungen bombardiert, die unser Bewußtsein trüben und sich wie Staub über unsere Seele legen, so daß die Fragen nach uns selbst: wer wir sind, wo wir herkommen und wo wir hingehen, aus dem Blick geraten.

Wenn wir innehalten, halten wir unser Leben gleichsam einen Moment an, um es selbst und seine Möglichkeiten, die es bietet, auf neue Weise zu betrachten. Damit können wir beim täglichen Essen beginnen. Innehalten ermöglicht, das Essen wertzuschätzen und mit der gebührenden Aufmerksamkeit zu würdigen und den Körper behutsam auf seine Verdauungsarbeit einzustellen. In der Konzentration auf uns selbst begreifen wir allmählich unsere inneren Muster und Gewichtungen. Wir werden imstande sein, zu erkennen und zu würdigen, wie weit wir gekommen sind und warum.

Schweigendes Innehalten oder inneres Stillesein zu üben, schärft nicht nur unsere Wahrnehmung nach innen, sie hilft auch, die Umwelt besser zu verstehen. Als Folge davon wird man „spüriger“, man weiß besser, was man wann tun muß. Das Gefühl für den rechten Augenblick verbessert sich.

Mit einer Patientin erarbeitete ich folgende Affirmation, die sie immer wieder einsetzte, wenn sie innehalten wollte, um sich über ihre Lebenssituation Klarheit zu verschaffen: „Halt an, schau hin, hör zu – was ist?“

Wenn man feststellt, daß man zu ernst wird, oder wenn man niedergedrückt ist, weil man zu viele Lasten auf den Schultern trägt, spätestens dann ist der Moment gekommen, innezuhalten. Schaffen Sie sich eine Insel oder einen Raum, in dem alle Aktivitäten, auch die des Nachdenkens, zur Ruhe kommen. Wie oft hört man „Ich sage mir“, aber kaum jemand sagt „Ich höre mir selbst zu“. Horchen Sie jetzt zur Abwechslung einmal auf sich selbst.

Innehalten hat Folgen für das übrige Leben. Die Achtsamkeit wird erleichtert, das ganze Leben wird bewußter. Die Seele wird friedlich und geordnet. Was könnte wertvoller sein als innerer Friede? Seelenfrieden besitzt eine große Kraft in sich. Wenn Menschen davon sprechen, fallen Worte wie Zufriedenheit, Gleichgewicht, Stimmigkeit. „Nichts kann mich umhauen“, drückte es eine Patientin treffend aus, um ihren inneren Schatz zu beschreiben. Beim Innehalten geht es vor allem um Grenzen. Nicht nur um Grenzen zwischen uns und anderen Menschen, sondern auch um Grenzen geistig-seelischer Art. Oft wird unser Leben zerstreut, uns fehlt die Mitte, nichts wird abgeschlossen. Ein gesundes Leben verlangt, daß wir uns einen Bereich erschließen, wo wir anhalten und uns zurückziehen dürfen – wie Reisende, die sich unterwegs eine Rast gönnen. Wäre es nicht ein befreiender Gedanke, sich selbst die gleiche Rücksicht zukommen zu lassen wie jedem anderen Reisenden? Nach jedem Innehalten werden wir erfrischt und bereit sein, mit neuer Kraft weiterzugehen.

Das I-Ging Nr. 52 verdichtet die Gedanken zum Innehalten: „Ihre innere Stille wird Sie zur Erleuchtung führen, indem Sie Ihren Eindrücken Objektivität verleiht. Dadurch erkennen Sie, wann Sie handeln müssen und wann nicht. Auf diese Weise begehen Sie keine Fehler und müssen keine Konsequenzen ertragen."

Atempausen

Der werbewirksame Slogan „Mach mal Pause!", der im gleichen Rhythmus wie sein gewinnbringendes Getränk zum Aufhören und Innehalten ruft, kann nur dort erfolgreich sein, wo alle pausenlos vom Tyrann der selbstgeschaffenen Zeit verschlungen werden: So wie einst die Griechen unter ihrem Zeitgott Chronos, der seine Kinder fraß. Michael Ende hat uns mit seiner Romanfigur Momo eine der erstaunlichsten Erkenntnisse zum Wesen der Zeit nahegebracht. Momo konfrontiert uns mit der Paradoxie, daß Zeit sich unserem Zugriff um so stärker entzieht, je mehr wir sie zu fassen versuchen. „Zeit ist Leben. Und das Leben wohnt im Herzen. Und je mehr Menschen daran sparen, um so weniger haben sie."

Pausen spielen in unser aller Leben eine bedeutende, wenn schon gesellschaftlich wenig erwünschte Rolle. Pausenlos sprechen wir über Pausen, sehnen sie herbei, wenn uns die Puste ausgeht, und dennoch tun wir uns so schwer damit. *Pausis*, ein Erbstück der alten Griechen, bedeutete dort „Aufhörenmachen, Aufhörenlassen", im Lateinischen wurde dies zu *pausa* = „Innehalten", das in unserem Wortschatz als „Pausieren" in der allgemeineren Bedeutung von „eine Weile oder Runde ausscheiden, aussetzen" fortlebt.

Irgendwo auf dem Weg von der beschaulichen Welt des Mittelalters zur westlichen Nonstop-Gesellschaft hat die Pause ihr Sozialprestige eingebüßt. Sie umgibt die Assoziation von Arbeitsscheu, Ineffizienz oder Faulheit. Mit Beschleunigungsgetränken und lila Pausenriegeln werden Pausen zu Werbechancen mißbraucht, die uns selbst in den Pausen zur Eile antreiben. Sätze wie: „Ich mach' mal schnell Pause!" zeugen von der Ungeduld und Aktivitätsbesessenheit unseres pausenlosen Lebens, das jedes Rasten und Verweilen als überflüssige Unterbrechungen oder Zeitverlust wertet. Wie notwendig Pausen sind, können wir in der Musik erleben. Ohne die Pausen hätte Musik keinen Rhythmus, keine Gliederung, keinen Verlauf. Sie wäre unaufhörliche, lästige Dauerkommunikation. Pausen sind Markierungen oder Zwischenräume, in denen der Prozeß eines Geschehens oder einer Tätigkeit unterbrochen wird. Sie setzen Zeichen, daß etwas aufhört oder etwas Neues beginnt. Pausen sind notwendige Zäsuren oder Haltestellen, die wir brauchen, um unserem Leben Grenzen, Form und Rhythmus zu geben, um nicht atemlos zu werden. Sie sind mehr als nur ein Ausruhen, sie sind etwas Aufstellendes, Aufmunterndes, das wir benötigen, um uns zu neuen Taten aufzurichten. Daher auch die Pausenbrote, diese von unseren Müttern liebevoll eingepackten Stullen, die nicht durch die „Milchschnitte" ersetzt werden können, diesem mit Altmilch gefüllten Körnergummifladen.

Warum tun wir uns so schwer mit Pausen? Haben wir vergessen, wie man ausruht? Fehlt uns der Mut, dem unaufhaltsamen Fluß der Zeit zu trotzen? „Wenn Gott die Zeit geschaffen hat, warum dann so wenig?" fragte neulich jemand. Die Antwort lautet, daß unsere Gesellschaft unsere Gewohnheiten diktiert. Aber es gelingt ihr nur, wenn wir dies zulassen. Ein wenig Phantasie, Eigensinn, Selbstachtung und Eigenverantwortung wären nötig, um sich wieder daran zu erinnern, daß Pausen eine wichtige Alternative sind, um distanzfähig gegenüber auferlegten Rhythmen zu werden. Am besten beginnt man bei sich selbst. Zuerst einmal mit dem Bewußtwerden des Hier und Jetzt, mit den Rhythmen der Mitmenschen und der unmittelbaren Umgebung. Bewußtwerdung geschieht durch Verlangsamung.

Versuchen Sie den gegenwärtigen Augenblick voll zu erleben, achtsam zu sein, und das zu hören und zu fühlen, was ist. Fühlen Sie sich gehetzt? Dann nehmen Sie einen tiefen Atemzug, bevor Sie fortfahren. Gehen Ihnen viele Gedanken durch den Kopf? Dann kommen Sie in die Gegenwart und beobachten, was gerade ist.

Das sind einfache Schritte, um in den rhythmischen Fluß des Hier und Jetzt zu kommen. Durch Verlangsamung können wir wieder Eigenrhythmen spüren lernen und sind dadurch besser in der Lage, uns zu schützen und zu wählen, welche Rhythmen von außen wir aufnehmen oder wann wir uns ihnen entziehen wollen.

Ein Gespür für das, was die Zeit in unserem Leben ist, gewinnen wir, wenn wir unser alltägliches Tun immer wieder unterbrechen. Wir brauchen diese kleinen Spielräume, in denen wir uns mit gutem Gewissen Abstand verschaffen. Jeder muß das in seinem ihm eigenen Rhythmus tun. Allerdings weiß man heute, daß es im Verlauf eines Tages so etwas wie einen 90- bis 120-Minuten-Rhythmus gibt, der unser Ruhebedürfnis ebenso prägt wie unsere Leistungsbereitschaft. Nach dem Hypnotherapeuten Ernest Rossi sind diese Tagesrhythmen ein grundlegendes Muster, nach denen sich unsere körperlichen und seelischen Prozesse in 10 bis 14 Phasen am Tag ordnen. Werden sie eingehalten, so bleibt der Organismus gesund und produktiv.

Lassen Sie mich noch konkreter ein paar Vorschläge machen: Für Menschen, die immer wieder vergessen zu pausieren, empfiehlt sich ein Bild, ein Stein oder ein anderer schöner Gegenstand in der Arbeitsecke, der Sie als Symbol und Einladung zur Unterbrechung und Kontemplation daran erinnern soll. Selbst das Läuten des Telefons oder der Türklingel kann als Pausenzeichen umgedeutet werden. Wenn es läutet, halten Sie an, und nehmen Sie ein oder zwei tiefe Atemzüge, statt gleich zum Hörer zu greifen. So verlangsamen Sie, werden ruhiger statt atemlos, und Ihre Stimme wird präsenter und besser von der Atmung gestützt. Sie klingen selbstbewußter. Machen Sie nicht erst dann Pause, wenn Ihr PC streikt oder wenn das Papier ausgegangen ist. Nutzen Sie jede Situation des Wartens an der Faxmaschine, vor dem Fotokopiergerät oder vor dem Fahrstuhl als willkommene Gelegenheit, um tief durchzuatmen und nichts anderes zu tun, als im Augenblick zu sein. Wenn sich keine Gelegenheit zur Atempause ergibt, so bleibt immer noch die Ausrede mit dem „stillen Örtchen“, das Ihnen erlaubt, ganz privat ein paar tiefe Atemzüge zu nehmen und zu entspannen.

Damit die Pause ihre regenerierende Kraft voll entfalten kann, braucht sie eine gewisse Tiefung. Eine schnelle Tasse Kaffee, die Zeitung oder ein Schwatz mit anderen genügen meist nicht. Entscheidend ist, daß wir uns die Möglichkeit verschaffen, mit unserer Aufmerksamkeit nach innen zu gehen. Dafür eignet sich besser ein kleiner Spaziergang oder die Entspannung in einem Sessel oder auf der Couch.

Versuchen wir, bewußt Pausen in unseren Tagesablauf einzubauen. Dies sind die Rendezvous, die wir mit uns selbst einhalten sollten, die unserem Leben einen eigenen Rhythmus, seinen eigenen Atem geben. Jeder braucht Zeit, die nur ihm gehört, nicht der Gesellschaft, nicht der Arbeit oder den anderen. Geschützte Zeit, die man mit sich selbst verbringt: mit dem Fahrrad, schwimmend, meditierend, spielend, träumend, lesend oder einfach nichtstuend. Dazu bedarf es der Fähigkeit, sich abzugrenzen und „nein“ zu sagen. Neinsagen ist die Formel des Protests gegenüber den Anforderungen oder Menschen, die uns diesen Raum stehlen wollen. Denn es gibt immer etwas zu tun, und je mehr man tut, desto größer wird der Berg. Also hilft nur eines: das konsequente Ernstnehmen jener Zeitnische, die zu nichts anderem dient, als uns wieder von unseren Seelen einholen zu lassen. Also: Abschalten – Aufhören – Atemholen.

Zeitinseln

Wegen der Ungeduld sind die Menschen aus dem Paradies vertrieben worden, ungeduldig sehnen sie sich dorthin zurück. „Reif für die Insel“ nennen viele diese Sehnsucht, die nach Ruhe und Ausgeglichenheit suchen, weg von allen Erwartungen und Ansprüchen des Alltags. Stille, Hellhörigkeit und Abgeschiedenheit sind es, die uns die Inseln so fern in der Karibik, Spanien oder Griechenland so verlockend machen.

Eine Insel ist ein abgegrenzter Flecken Land, umgeben vom weiten, offenen Wasser, fernab der Welt und dem Getriebe. Warum schaffen wir uns nicht selbst eine Insel in unserem Heim, dort wo wir leben, lieben und arbeiten? Wie könnte sie aussehen?

Könnten Sie sich Zeitinseln inmitten Ihres Alltagsgetriebes schaffen, in denen Sie zur Ruhe kommen, zur Mitte finden? Zeiten zum Nachdenken, zum Tagebuchschreiben, zum Musikhören, zum Spazierengehen, zum Träumen.

Wir brauchen Inseln, die das ganz andere in den Blick kommen lassen. Wir brauchen sie, um das, was wir tagtäglich tun, durch ihre Energie zu befruchten. Um uns zu befreien von den Torturen, die uns ein Leben nach der Uhr zufügt, vom Pünktlichkeitswahn und der selbstverordneten Vorstellung, was augenblicklich geschehe, müsse auch das Allerwichtigste sein. Deshalb ist es vollkommen einsichtig, daß Menschen von Inseln träumen. Inselmenschen leben nicht unter der Diktatur des „Du mußt", „Du solltest". Sie leben einfacher, schlichter, weil es auf der Insel nicht zu viele Dinge, Möglichkeiten und Menschen gibt. Man kann auf der Insel viele Arten von Erfahrungen sammeln, aber eben nicht zu viele. Die Insel wählt für uns, dadurch wird sie bedeutungsvoll, weil alles einen zeitlich und räumlich begrenzten Rahmen hat und überschaubar ist. Hier hat man Zeit zum Nachdenken, zum mußevollen Arbeiten, zur Besinnung, zum Nichtstun, zum Schweigen, zum Schauen. Man kann sagen, die Insel wählt für uns, und deswegen ermöglicht sie Muße. Denn was uns hindert, mußevoll zu leben, ist unter anderem auch unsere übermäßige Anhäufung von Dingen, die nach uns schreien: „Benutz' mich, pfleg' mich, ich war doch so teuer … du kannst mich doch nicht in der Ecke stehen lassen." Ganz zu schweigen von den vielen Menschen und Worten, denen wir uns nicht entziehen können. Es sind Auf- und Zudringlichkeiten verschiedenster Art, von denen wir uns auf der Insel distanzieren können. Das Leben dort ist vielleicht eintöniger, aber einfacher und langsamer, deswegen regt es unsere Phantasie und Sinne an und bringt den Blick des Kindes in uns wieder zum Vorschein.

Das Traumbild von der Insel kann man auch als Wunsch deuten, in die Kindheit zurückzukehren. Dafür sprechen die Bilder vom weißen Strand, vom klaren Wasser oder von halbnackten Inselbewohnern, die sich ihrer Blöße nicht bewußt sind. Bilder der Unschuld, die an unseren Wunsch, in diesen unschuldigen, seligen Zustand zurückzukehren, rühren. Vor allem kleine Inseln sprechen unser Unbewußtes an, weil sie wie kein anderer Ort geeignet sind, Träume und das Bedürfnis nach Geborgenheit und Sicherheit wachzurufen.

Der Begriff „Trauminsel“ ist durchaus auch wörtlich zu verstehen. Auf Inseln träumen Menschen mehr und intensiver und können sich auch besser an ihre Träume erinnern. Vielleicht hängt es damit zusammen, daß man auf einer Insel selbst inselhafter wird und mehr zu seiner inneren Insel findet. Inseln sind Zufluchtstätten im Ozean. Schon der bloße Anblick des weiten Horizonts genügt oft, um selbst in einen schwerelosen Zustand zu geraten, der uns körperlich und seelisch der Welt entrückt. Und das Wasser mit seinem beruhigenden Rhythmus, die Wellen, die sanft an den Strand schlagen, führen auch unseren Schlaf in ozeanische Tiefen. Daß der Klang des Meeres so beruhigend wirkt, hängt sicher mit frühen Erinnerungen an den schützenden Mutterleib zusammen, an die Zeit, als wir als Embryo vom haltgebenden Fruchtwasser umhüllt waren.

Uns bleibt wohl beides: reale Erfahrung und sehnsüchtiger Wunsch. Es ist eine Gratwanderung, die uns mit unseren Inselerfahrungen in Bewegung hält, immer in dem Gefühl, der Welt entronnen zu sein und dennoch mit ihr verbunden zu bleiben. Inseln kann man nicht besitzen, sie sind Wegweiser, wo alten Sagen zufolge Schätze begraben sind. Aber wir können ihre Schätze mit in den Alltag nehmen und uns in Bewegung halten, im Rhythmus zwischen Inselerfahrung und Alltagsanforderungen, zwischen Rückzug und Aktivität.

Warten

Warten ist alltägliche Erfahrung. Mit Blick auf die moderne Welt ist von einer Gesellschaft ohne Zeit die Rede. Viele Menschen erleben nichts als Hetze und Zeitnot. In einer solchen Welt wird einem geduldiges Warten schwer gemacht. Oder wie es in einer Abhandlung von Ruthard Stäblein heißt: „Unter den Bedingungen des Konsumzwangs und Zeitverschleißes wirken Geduld und Trägheit systemsprengend." Die alte Tugend der Geduld, die in der Aristotelischen Tradition ein Teil der Tapferkeit und in christlicher Sicht eine sittliche Grundhaltung bedeutet, gehört heute zu den stillen Werten, die es in der Tat nicht leicht haben. Dennoch machen alle Menschen die Erfahrung des Warten-Müssens. Wer wartet, der erwartet etwas. Wer wartet, erwartet, daß etwas kommt oder ankommt. Dies passiert innerhalb der Zeit und setzt ein Zeitempfinden voraus, das den Wartenden sich selbst als auf etwas Erwartetes hin wahrnehmen läßt. Das deutsche Wort „warten" ist mehrdeutig. Am positivsten besetzt ist es, wenn wir z. B. vom Auto sprechen, das wir warten, damit es nicht vorzeitig unbrauchbar wird. Für Aufgaben, für die wir uns einsetzen, sind wir Anwärter. Und einem Menschen, den wir schätzen, machen wir gelegentlich eine Aufwartung. Der alltägliche Umgang mit dem Warten drückt eher Unmut aus über die kostbare Zeit, die wir verschwenden oder totschlagen, und über Menschen oder Dinge, die uns die Zeit stehlen. Das Wort „warten" geht zurück auf den germanischen Ausdruck *wardon*, das ursprünglich „beobachten" bedeutet. Darauf gründet das französische *garder* und *regarder* wie das italienische *guardia* und *guardare*. Wächter und Seher liegen nahe beieinander und entsprechend heißt warten: Ausschau halten, aufpassen, bewachen, versorgen, pflegen, sich kümmern. Warten bedeutet demnach nicht, faul und untätig zu sein, sondern im

Wachzustand, in einer Art Lauern oder Ausspähen dem Kommenden oder dem Unvermeidlichen aufmerksam entgegensehen. Von den Hunden wissen wir, daß sie Meister im intensiven Spähen und Lauern sind, doch für uns ist das Warten eine Kunst, die wir lernen können, die Geduld und Vertrauen erfordert, denn man muß aufmerksam sein und vieles im Blick behalten. Die Italiener sagen *aspettare*, um auszudrücken: in den Blick bekommen. Und das ist keine einfache Sache.

Nach statistischen Berechnungen stehen wir etwa fünf Jahre unseres Lebens in irgendwelchen Warteschlangen. Kaufläden, Tankstellen, Ärzte, Bankschalter, Steuerbescheid, Baugenehmigung, Scheidung, Rentenbescheid und endlos vieles ließe sich hier noch anführen. Manche warten stoisch, gelassen, andere ängstlich oder hochgestimmt, wieder andere inszenieren regelrechte Dramen oder bringen sich sogar um, weil sie das Warten auf den Tod nicht aushalten. Deswegen kann man die psychischen Erfahrungen nicht verallgemeinern, Begleiterscheinungen des Wartens sind zu vielfältig. Eines dürfte aber klar sein, wer in eigener Sache nicht warten kann, wird nervös, hektisch, unkonzentriert und schließlich krank.

Warum ist Warten eine so schwierige, belastende, aber eben auch wichtige und manchmal befriedigende Lebenskunst? Warten hat mit Werden zu tun, mit Entfaltung und Wandel. Dieses meint ein aktives Warten, das eingebettet ist in größere Sinn- und Lebenszusammenhänge, wie beispielsweise der Gärtner, der Bauer, die das Warten geradezu von Berufs wegen ausüben, oder wie eine Mutter, die ihr Kind erwartet. Das andere Warten ist der Stillstand, der erzwungene Zustand der Passivität, eine vergeudete Zeit des Nichtstuns, auf die wir ungeduldig oder verärgert reagieren. Die Wartezeit kann eine Zeitstrecke voll besonderer Erregungen sein, aber sie muß es keineswegs, wenn man sich in Gelassenheit und Geduld wappnet. Oder wenn man Warten als eine Zeit versteht, die nicht von unserer Aktivität abhängt, als eine unproduktiv-produktive Zwischenzeit, derer wir alle bedürfen, um unserer schöpferischen Kräfte erneut bewußt zu werden. Warten ist nur dann ein Hindernis oder Störenfried, wenn die Logik der zeitlichen Knappheit herrscht. Eine andere Qualität bekommt das Warten, wenn man Wartezeit als offene Zeit oder mehr noch als ein Geschenk auffaßt, das uns erlaubt, besser Ausschau zu halten nach dem, was wir wirklich brauchen.

Betrachten Sie das Warten an der Kasse, auf den Bus, auf einen Anruf als geschenkte Zeit. Versuchen Sie, ganz still zu werden, an nichts zu denken und nur auf Ihren Atem zu achten. Wie lange halten Sie es aus? Üben Sie es immer wieder, und Sie werden feststellen: immer länger …

Ein Weg, um ein geduldiges Herz zu erlangen, ist die Meditation. Sie ist ein nützliches Werkzeug, um den unruhigen Geist dazu zu erziehen, sich auf den momentanen Augenblick zu konzentrieren. Meditation im Lotussitz oder auf dem Meditationskissen ist natürlich angenehm, aber manchmal gilt es, sich den Herausforderungen der Realität zu stellen, und in schwierigen Situationen ein ruhiges Herz zu bewahren.

Eine willkommene Möglichkeit für die Lektion eines ruhigen Herzens bieten Verkehrsstaus. Nutzen Sie einmal einen Stau als Entspannungsmöglichkeit. Meditieren Sie, träumen Sie, erfinden Sie kleine Geschichten, gähnen Sie ungeniert, um Ihre Muskeln zu entspannen, oder singen Sie lauthals. Man kann im stehenden Auto sehr viel tun, ohne sein Leben aufs Spiel zu setzen. Und ganz nebenbei übt man sich noch in Geduld.

Warten hieße in diesem Sinn, Zeit haben und sie für uns arbeiten lassen, Offenheit und Vertrauen, daß etwas für uns geschieht und vorangeht, ohne daß wir eingreifen, um sensibel zu werden für den entscheidenden Augenblick. Vielleicht meinte Buddha das, als er sagte, man müsse sich leer machen, dann erfahre man Nirvana, das Glück der leeren Fülle. Ein solches Warten eröffnet Zeiterfahrungen, die mit Schauen, was sich zeigt, mit Hören, was anklingt, mit Entspannung und Erholung zu tun haben. Ein so verstandenes Warten hieße dem Leben Auslauf zu gewähren, sich auf die Zeit einzulassen, die Gangart zu verlangsamen, Lässigkeit zu gewinnen, um durchlässig zu werden für den Fluß der Zeit.

Solche Einsichten sind aber nutzlos, wenn sie nur mit dem Kopf geschehen, wenn nicht der Leib mit allen seinen Sinnen daran beteiligt ist. Vermutlich will die Kunst des Wartens gelernt und eingeübt sein. Wer sich nicht darin übt, die Ungeduld zu übertrumpfen und zu zügeln, der wird kaum geduldig warten können. Es geht dabei nicht um ein Antistreßprogramm, sondern um einen sensibleren Umgang mit der Zeit, um den griechischen *kairos*, den richtigen Moment zu erkennen, um natürliche Rhythmen zu begreifen, um offen zu sein für das Geheimnis der Zeit. Dazu bietet der Alltag zahllose Übungsmöglichkeiten. Denn wo sonst, wenn nicht beim Umgang mit dem Alltag, mit Pflanzen, Tieren, beim Kochen und Essen, kann man noch am eigenen Leib erfahren, daß alles seine Zeit hat? Daß Warten nicht zeitlicher Leerlauf bedeuten muß, sondern Voraussetzung allen Gedeihens und Gelingens und aller Vorfreude ist: Alltägliche Vorgänge wie das Backen von Brot, das Kochen von Kartoffeln oder Reis, das Wäscheaufhängen und an der Sonne trocknen lassen, das Lesen eines Buches, das Warten auf den Sonnenuntergang, schärfen unseren Sinn für das Phänomen der Zeit und geben uns die Sicherheit, daß wir Dinge geschehen lassen können, daß sie für uns arbeiten.

Wie wäre es, wenn Sie sich von einer arbeitssparenden Maschine trennen würden, beispielsweise von Ihrer Brotschneide- oder Käsereibemaschine? Reiben Sie Äpfel, Käse oder schneiden Sie das Brot mit der Hand. Es macht nichts, wenn es ein paar Minuten länger dauert. Allein das Erlebnis, daß Ihre Sinne dabei auf vielfältige Weise stimuliert werden, ist die zusätzliche Zeit wert. Außerdem können Sie ein bißchen Langsamkeit und Geduld genießen.

Auch das Vertagen einer Arbeit, die wir heute erledigen könnten, auf morgen oder später wäre mehr als nur eine schelmische Überlebenslist. Wir würden wieder lernen, die Zeit für uns arbeiten zu lassen oder zumindest den rechten Zeitpunkt abzuwarten. In den Warteschlaufen, die uns das Leben bietet, können wir nicht nur uns selbst, sondern auch anderen begegnen. Wir würden lernen, daß Reifungs- und Beziehungsprozesse sich nicht beliebig beschleunigen lassen. Wenn wir uns auf solche raumgebenden Wartezeiten einlassen, fallen uns unverhoffte Zeitgeschenke zu – wir begegnen einem Menschen, den wir unter Zeitdruck niemals getroffen hätten, wir erspähen einen interessanten Gegenstand, etwas, das wir bisher immer übersehen haben, wir finden Zeit für ein spannendes Buch, für die Entwicklung einer Idee oder einer neuen Theorie oder dösen einfach entspannt und vergessen dabei sogar den Anlaß des Wartens. Zumindest ist der Lohn des Wartens Geduld. Wer warten kann, hat viel getan, heißt es im Volksmund. Und ein arabisches Sprichwort weiß: „Geduld ist der Schlüssel zur Freude." Jedenfalls ist Geduld notwendig, um die Kunst des Wartens zu lernen.

Alleinsein

Endlich allein. Ist es nicht ein wunderbares Gefühl, einmal bei sich selbst zu sein, sich selbst Gesellschaft zu leisten? Nichts zieht uns mehr aus uns heraus, nichts unterhält uns mehr, nichts zerrt an uns. Allein, nicht einsam. Wer nicht allein sein kann, ist auch nicht zur Freundschaft fähig. So richtig dieser Satz ist, so schwer wird es uns aber auch gemacht, uns gelegentlich ins Alleinsein zurückzuziehen. Geschäftliche Verabredungen, Termine oder Einladungen werden respektiert, aber der Wunsch, einen Tag oder ein paar Stunden allein zu sein, gilt als verdächtig oder egoistisch. Dabei sind es die wichtigsten Momente, in denen man allein ist. Marcel Proust glaubte sogar, daß die Voraussetzung für schöpferische Einfälle im Alleinsein liegt. Schließlich sind es auch die Künstler, denen man am ehesten das Alleinsein zugesteht. Ein Musiker, der komponiert, ein Bildhauer oder Maler, der innere Bilder Gestalt werden läßt, und ein Schriftsteller, der seine Gedanken in Worte faßt – sie alle wissen, daß sie dazu allein sein müssen. Charles Morgan verwendet das schöne Bild vom „Stillewerden der Seele", wenn er über die fruchtbaren Zeiten des Alleinseins sinniert.

Eine kleine Geschichte dazu: Eine Musikergruppe trifft sich, um einen gemeinsamen Probentermin zu vereinbaren. Nach langem Hin und Her findet man endlich einen freien Abend, als plötzlich einer ruft: „Stopp, geht nicht, da bin ich allein." Verständnisloses Kopfschütteln der anderen. „Ja, am Freitagabend will ich für mich sein. Damit ich mich daran halte, habe ich zur Sicherheit jede Woche den Freitag in den Kalender eingetragen, weil er mir heilig ist." Widerwillig, aber auch voller Respekt suchen die anderen nach einem neuen Termin, und in der Tat – man fand auch einen.

Eines der größten Geschenke des Alleinseins liegt darin, daß es uns die Gelegenheit gibt, einmal auszuruhen von den

Wahrnehmungen der anderen. Alleinsein heißt, die eigenen Wahrnehmungen wieder deutlicher spüren, bei sich ankommen und einkehren. Spüren, fühlen und staunen, wer man selbst ist. Den Mittelpunkt finden. Bestimmte Quellen können wir nur finden, wenn wir allein sind. Das bedeutet: Wir müssen uns hin und wieder entziehen, um unserem eigenen Leben ein Gewicht zu geben. Dann sind wir an unserem Leben beteiligt, es widerfährt uns nicht mehr nur. Der Weg zum eigenen Wesen führt zum Alleinsein. Und das Paradoxe ist ebenso wahr, man fühlt sich den Menschen oft näher, wenn man allein ist, denn es ist nicht das körperliche Alleinsein, das trennt, sondern die seelische Isoliertheit. Durch die Verbundenheit mit dem eigenen Wesenskern ist man den anderen auch verbunden.

Was man lernt, wenn man allein ist, ist die Kunst des Sich-Einschränkens. Man braucht weniger, weil man unmittelbarer und unabgelenkter lebt. Man hört mehr, weil sich das Schauen hin zum Hören verlagert. Die Seele weitet sich. Die Selbstgespräche werden reicher. Der resignierten Frage: „Was soll's?" ist Grund und Boden entzogen.

Alleinsein kann gerade für Menschen, die ständig für andere da sein müssen, ein emotionaler Lebensretter sein. Die Chance, einmal für sich selbst zu sorgen, herauszufinden, was man selbst fühlt und denkt; und die Chance, sich im eigenen Rhythmus zu bewegen, Eigenzeiten wahrzunehmen und tagzuträumen. Und am wichtigsten: einmal nicht für andere da sein müssen, nicht einfühlsam, einmal nicht wichtig und präsent sein müssen. Sich selbst nähren.

Statt auf die Ferien zu warten oder auf das Wochenende, erlauben Sie sich jede Woche oder jeden Tag eine Zeitspanne zum Alleinsein. Zeit, die einfach nur Ihnen gehört, ohne große Pläne – einfach Zeit, um spontan das zu tun, was Ihnen einfällt.

Wenn Sie meinen, Sie hätten dafür keine Zeit, dann reservieren Sie in Ihrem Kalender einen bestimmten Tag, und tragen Sie Ihren Namen ein, so daß Ihnen niemand in die Quere kommen kann. Nutzen Sie Gelegenheiten, wenn Termine ausfallen oder wenn sich unverhofft Freiräume auftun, als Zeitgeschenke.

Auch unter Menschen kann man allein sein, sich versenken, seinen Gedanken nachhängen, etwas aufschreiben. Die menschliche Lärmglocke und der Geruch von frischem Kaffee wirkt ja bekanntlich auf die Großhirnrinde. Und dort sitzen oft die besten Ideen.

Zeit zur Stille

Über Stille zu sprechen heißt: mit Stille arbeiten. Wenn ich die Stille zu Wort kommen lassen will, muß ich selbst zurücktreten und Raum und Gelegenheit zu einer kleinen Erkundung der „Stille" geben.

Schließen Sie die Augen, und lassen Sie Ihren Körper mit jedem Ausatmen mehr zur Ruhe kommen. Richten Sie Ihre Aufmerksamkeit auf alle Geräusche der Umgebung, in der Sie sich befinden. Werden Sie still, und hören Sie nach innen auf das An- und Abschwellen Ihres Atems. Hören Sie, wie Ihr Herz und Ihr Kreislauf schlagen. Geben Sie sich dieser Stille hin, und kommen Sie nach einer Weile wieder in den Raum zurück. Strecken und räkeln Sie sich, und genießen Sie Ihren wachen und entspannten Körper.

Mit Hilfe dieser Anleitung können Sie das Wunder unmittelbarer Erfahrung und direkter Empfindung von Stille neu entdecken. Vielleicht ist sie ungewohnt und bereitet Ihnen sogar

Unbehagen. Das hängt damit zusammen, daß wir in einer lauten Welt leben, die, wie Tucholsky schon 1931 feststellte, durch Krachmachen und Nicht-Zuhören bestimmt ist. Wir haben uns daran gewöhnt, daß es kaum noch Orte der Stille gibt. Wir halten Ruhe und Stille schlecht aus und sind nur allzu schnell bereit, jeden Moment der Leere zu füllen. Selbst in Dörfern, in ländlichen Gegenden ist die Luft vom akustischen Abfall der Maschinen, Rasenmäher und Autos erfüllt. In den Haushalten gibt es heutzutage kein Gerät mehr, das geräuschlos funktioniert. Und in den Städten sind wir einer Dauerberieselung von Musik ausgesetzt, die uns mit ihrem Klangsirup wie eine Big Mother von der Toilette bis in den Supermarkt verfolgt, so daß man kaum noch allein sein kann.

Woher wollen wir denn Stille nehmen? Stille hat keine Lobby. Stille kann man nicht kaufen. Stille kann nicht schreien. Stille ist dünner als die Ozonschicht. Stille setzt dem Lärm Weite und Ruhe entgegen, die unserem Leben allzuoft fehlt. Jahrhundertelang war sie Voraussetzung und Bestandteil menschlicher Kultur. Es gäbe keinen Grund, über die Stille zu reden, wenn nicht auch sie – die Kostbare, Unscheinbare, Schweigsame – im Begriff wäre, uns verlorenzugehen. Von einigen beklagt und betrauert, aber von vielen nicht einmal vermißt. Wer Lärm vermeiden will, muß einen hohen Aufwand betreiben. Wohnungen werden immer teurer, je ruhiger sie sind. Restaurants, die auf das musikalische Gedudel verzichten, verlangen höhere Preise. Stille – ein Grundbedürfnis, das immer schwerer zu stillen ist. Heute genießt Luxus, wer sich der Lärmglocke, die sich über unsere Zivilisation gelegt hat, entziehen kann.

Stille leben! Ja, aber wo und wie? Vielleicht assozieren Sie erst einmal, was Sie mit dem Wort „Stille“ verbinden – Wald, Urlaub, Wochenende, Kirche, Bibliothek, Feierabend? Stille ist also relativ. Absolute Stille gibt es weder in der Natur noch im schalltoten Raum, denn auch dort hört man Herz und Kreislauf schlagen. Bei der Stille handelt es sich um leise akustische Vorgänge, während Ruhe eine Umgebung meint, die Erholung und Entspannung ermöglicht. Das Singen der Vögel, das Rascheln der Blätter, das Zirpen der Grillen, das Rauschen der Wellen – all das kann sogar relativ laut sein, aber da es sich um Signale der Natur handelt, die Frieden und Sicherheit versprechen, können wir uns entspannen und erholen. Im Gegensatz zum Lärm, der als Fremdkörper oder Belästigung aufgefaßt wird, weil er unsere Entspannung, Erholung und Kommunikation stört. Lärm ist nicht nur laut, er ist von Maschinen oder Menschen herbeigeführter akustischer Abfall, der belästigt, stört und erschreckt. Auf den Dauerstressor Lärm reagiert der Mensch mit einer Vielzahl von psychosomatischen Störungen wie Verstimmtheit, Appetitlosigkeit, Bluthochdruck, Schlaflosigkeit und Erschöpfung. Auch die Zunahme von Hörschäden und Gehörerkrankungen wie Tinnitus („Ohrklingeln“) wird immer noch unterschätzt, obwohl sie zu den häufigsten Berufskrankheiten zählen. Die Gesundheits-Geißel Lärm hat sich die Menschheit selbst verordnet. Es darf bezweifelt werden, ob technische Verbesserungen und Lärmkosmetik an diesen Zuständen viel ändern können. Jeder kann aber sein Verhalten ändern und dort, wo es noch Wahlmöglichkeiten gibt, selbst entscheiden, sich die Ohren mit Lärm verstopfen zu lassen oder nicht.

Woran erkennt man Stille? Still ist es, wenn man auf seinen eigenen Atem hören kann. Still ist es, wenn man seine eigenen Schritte noch hört. Still ist es, wenn man das Tropfen des Regens und das Rauschen des Windes noch hören kann. Still ist es, wenn man die Stimmen der Menschen noch über eine Straße herüber hören kann. Wo könnte man sie besser finden als in der Natur, in der Einsamkeit der Berge, der Wälder und an abgelegenen Meeresstränden? Stille kann man nicht herbeiführen, man kann sie aber vorbereiten. Glocken oder Gongs, die langsam verklingen, Musik, die zu Pausen hinführt – sie weisen auf die Stille als Zwischenraum hin. Stille entsteht, wenn wir uns konzentrieren auf den Zwischenraum, der zu neuen Klängen führt. Stille ist eine Einladung zum Nachfühlen und Wirkenlassen, zum Vertiefen und Zusichkommen, zum Auskosten und Raumgeben. Einen Bewußtseinswandel und die Rückbesinnung auf verschüttete Werte läßt sich zumindest in den eigenen vier Wänden realisieren. Dort können wir Zeiträume schaffen, die durch Stille-Sein bestimmt sind. Wie wäre es mit einem Experiment: einfach einmal die ständige Berieselung durch TV und Radio durch einen Knopfdruck abstellen, die Zeitungen und Illustrierten weglegen – ausschalten. Vielleicht erkennen Sie bald, daß man aus der Stille eine ungleich größere Kraft für den Alltag gewinnen kann. Vornehmlich die Stille, wenn man das Leid einmal außer Betracht läßt, kann uns zu uns selbst führen und dazu bringen, auf das Wesen der Dinge zu horchen. Der Schlüssel dafür, daß die Stille eine heilsame und befreiende Erfahrung sein kann, liegt in unserer Einstellung zu ihr. Wenn es gelingt, negative Bewertungen oder Befürchtungen fallenzulassen, kann die Stille zu einem Nach-innen-Hören werden, das zu einem angenehmen Erlebnis führt: Das bin ich! So bin ich gerade. Ich höre mir zu. Stille-Sein führt zur Begegnung mit sich selbst, eine positive Art des Hörens, die die Bewegungen der Seele freilegt und vergrößert. Möglicherweise begegnet Ihnen, wenn Sie tiefer in sich hineinlauschen, eine leise „innere Stimme", die Ihnen zuflüstert: „Nicht diesen Weg, geh dorthin." Die Stimme der Intuition, die uns Richtung und Führung gibt, können wir nur hören, wenn wir in der Stille uns selbst zuhören und uns auf unsere innere Frequenz einstellen. Wir brauchen Stille, um unsere inneren Eingebungen überhaupt wahrzunehmen, denn ihre Botschaften sind leise und können leicht überhört werden. Meistens wiederholen sie sich auch nicht ein zweites Mal. Neue Ideen, Inspirationen und Wegweisungen kommen nicht mit lauten Trompeten und Paukenschlägen. Sie kommen auf leisen Sohlen und brauchen die Konzentration der Stille. Zu lernen, sich in der Stille wohlzufühlen, heißt nicht nur zu lernen, sich mit sich selbst wohlzufühlen, es heißt auch, die Stimmen unserer lebensgestaltenden Intuition einzuladen. Vielleicht ist es Zeit zu erkennen, daß nicht nur weniger mehr ist, sondern auch, daß Stille die Seele nährt und die Natur in Erinnerung ruft.

Erinnern Sie sich noch an einen Besuch in einem Park, einer Kirche oder Bibliothek, wo es sehr leise war? Wie haben Sie sich gefühlt?

Wir alle geben viel Geld für unsere Stereoanlagen aus. Wie wäre es mit einem Versuch, der nicht einen Pfennig kostet, unserem Bedürfnis nach Stille Rechnung trägt und dazu noch unsere Seele nährt statt verwundet?

Überlegen Sie einmal: Wieviel Lärm verursache ich selbst? Wieviel könnte ich vermeiden? Versuchen Sie nun einmal in einem gewählten Zeitraum bestimmte Tätigkeiten möglichst leise durchzuführen, beispielsweise möglichst leise gehen, möglichst leise kochen, Geschirr aufräumen, zuhören. Vielleicht entdecken Sie dabei, daß Sie die Dinge mit mehr Sorgfalt und Ruhe tun, daß Sie mehr hören, wahrnehmen und mehr Gefühl von Zeithaben entwickeln.

Vielleicht entdecken Sie auch Momente der Stille, die Sie genießen können, ohne ungeduldig zu werden. Wer keinen Lärm machen muß, um nicht allein zu sein oder um sich Mut zu machen, der spürt vielleicht mit der Zeit etwas von der

Kraft, die aus der Stille kommt. Mit etwas Übung im Stillesein wählen wir wahrscheinlich eher die leisere Kulisse, die auf lautes Hupen verzichtet, auf Feuerstühle, auf laute Musik am Telefonbeantworter und musikalische Dauerberieselung. Ein kleiner Beitrag zu einer Ökologie des Hörens, die Klänge als knappes Gut und Stille als wertvoll begreift. Tragen wir Sorge zur Stille.

Nickerchen

Nickerchen, Schläfchen, Mittagsschlaf, Nap, Siesta, Powerschlaf – der Minischlaf ist so alt wie die Menschheit selbst und war noch ein wichtiger Bestandteil im Leben unserer Vorfahren. Sie wußten intuitiv, daß er gesundheitsfördernde Wirkungen hat, entspannt, neue Vitalität bringt und für ein ausgeglichenes, gelassenes Wesen sorgt.

In unserer Non-stop-Gesellschaft genießt der kleine Schlaf zwischendurch keinen guten Ruf, seine Wohltaten scheinen in Vergessenheit geraten zu sein. Dem Nickerchen, abgeleitet vom mittelhochdeutschen Verb „nücken", das heißt leicht schlummern und auch zurechtstutzen, haftet der Beigeschmack von Faulheit, Ineffizienz, Arbeitsscheu, Trägheit und Sichgehenlassen an. Man denke nur an die vielen Karikaturen, die sich über den faulen Beamten lustig machen, der sich auf Kosten des Steuerzahlers einen Büroschlaf gönnt.

Die meisten Menschen meinen, daß eine lange nächtliche Schlafperiode dem natürlichen Schlafbedürfnis entspricht – zu Unrecht. Inzwischen ist dieser Glaube auch wissenschaftlich widerlegt worden: Das Nickerchen zwischendurch entspricht unserer Natur viel eher. Die Extraportion Schlaf ist nicht etwa eine unproduktive Verschwendung, sondern verbessert die geistige Leistungsfähigkeit, die Gemütsverfassung, das

Gedächtnis, die Herzfunktion und läßt uns erheblich schneller regenerieren. Darüber hinaus könne man sein gesamtes Schlafsoll, wenn man es in kleinen Raten erfülle, um viele kostbare Stunden zurückschrauben, so die neueste Forschung. Dennoch praktizieren in Deutschland nach Angabe des Zentralinstituts für Seelische Gesundheit nur 14 Prozent der erwachsenen Deutschen ein regelmäßiges Nickerchen. Für Babies, Greise, manche Zelebritäten und nach neuen amerikanischen Befragungen auch Studenten, gehört das Nickerchen zu den unbekümmerten Freuden. Aber die vom modernen Lebenstempo befallenen Menschen haben ein eher zwiespältiges Verhältnis zu diesem scheinbar unproduktiven Luxus, dem man sich höchstens diskret, fast schuldbewußt im Verborgenen hingibt. Man schämt sich seiner müden Regungen und würde sie sicher nicht so offenherzig zur Schau tragen, wie uns das von Gemälden des ausgehenden Mittelalters her bekannt ist. Da liegen Menschen tagsüber friedlich ausgestreckt auf Wiesen, Feldern, Gärten oder neben ihren häuslichen Arbeitsstätten. Damals gehörte der kleine Schlaf zwischendurch zu den selbstverständlichen Gepflogenheiten, heute muß er heimlich wie eine peinliche Körperfunktion entsorgt werden. In vielen südlichen Kulturen legen sich Menschen immer noch zur Siesta, der „sexta hora“, der sechsten Stunde, um die Mittagszeit nieder. In zahlreichen Ländern, besonders auch in Entwicklungsländern, ist die Siesta ein Teil des Volksbrauchtums und eine unantastbare Institution, nach der sich sogar die Arbeitszeiten richten. Für sie gehört die Hängematte zum unverzichtbaren Bestandteil glücklichen Lebens. Sie wissen, daß die Siesta guttut und brauchen keine wissenschaftlichen Beweise dafür. In Asien wird der Schlaf sogar als heilig betrachtet. Einem Menschen seinen Schlaf nicht zu gönnen und ihn aus seinen Träumen zu reißen, gilt dort als ungehörig und für den Betroffenen als gefährlich, da die Seele Schaden leiden könnte. Die alten Ägypter und Römer luden sich Freunde zum Mittagsschlaf ein, empfingen ihre Besucher im Liegen und speisten sogar in dieser lasziven Position. Die Chinesen haben das Recht auf das Nickerchen (xiu-xi) sogar verfassungsrechtlich verankert.

Schon Horaz sah voraus, daß viele der vom Aussterben bedrohten Werte eines Tages wieder auferstehen werden. In unserer Zeit, wo es das Schicksal der meisten ist, keine Zeit zu haben, könnte eine neue Sicht dieses von der Natur in unser Stammbuch geschriebenen Impulses ein heilsamer Kontrapunkt zu der zerstörerischen Devise des „Schneller ist besser" sein. Öfter mal das Tempo herunterfahren, einen Ausknopf drücken und die Batterien wieder aufladen, das würde uns guttun. Warum sollten wir nicht das beherzigen, was kleine Kinder und alte Menschen aus gesundem Instinkt beherzigen? „Keine Zeit" – dieser Einwand ist nur ein Vorwand zur Rechtfertigung des Aktivismus und des Stresses, um sich nicht mit sich selbst auseinandersetzen zu müssen. Wer bereit ist, dem unnötigen Streß ein Ende zu bereiten, findet immer einen Weg.

Wie oft erwischt es uns – die Nacht war wieder einmal zu kurz, wir wachen mit dem typischen Morgenblues auf. Traumtechnisch unverarbeiteter Psychomüll versperrt uns den Blick für das Wesentliche. Statt den Tag genervt zu verbringen, hieße jetzt die Alternative: Zeit in ein Nickerchen investieren und dabei träumen: eine Insel bei Sonnenschein, weißer Sandstrand, ein köstliches Picknick, eine Luftmatratze auf seichten Wellen. Und Ihre Angehörigen weit weg … Ende der Selbsthypnose. Sie wachen auf und beschließen: Der Tag ist ab jetzt mein Freund. Ist das genug Nahrung für die Seele?

Im Vergleich zu komplizierten Entspannungsmethoden ist das Nickerchen eines der einfachsten und wirksamsten Mittel, um körperliches und psychisches Wohlbefinden im Einklang mit unserem Biorhythmus zu finden. Was genau macht das Nickerchen so erquicklich? Zumindest weiß man heute, daß sich der Körper bei jedem Einschlafen eine Dosis des Wachstumshormons Somatropin verpaßt, das nicht nur die geistige Leistungsfähigkeit positiv verändert, sondern auch Falten und Runzeln vertreibt. Daher der wohlverdiente Name „Schönheitsschlaf" oder „Verjüngungsschlaf". Wir müssen nur bereit sein, unserem eingebauten Programm der nachmittäglichen Schlafbereitschaft zu folgen. Aber auch beim Aufwachen aus dem Schlummer wird ein Hormon freigesetzt, das den Organismus mit dem Hormon Cortisol versorgt und damit Treibstoff verfügbar macht, der die Leistungsbereitschaft ankurbelt. Auch das Gedächtnis profitiert vom Nickerchen: Testpersonen, die sich längere Listen von unsinnigen Wörtern einprägen sollten, behielten diese viel besser, wenn sie sich nach jeder Lernphase ein kurzes Schläfchen gönnten. Schließlich existiert da noch die Theorie, daß das Nickerchen wie ein Jungbrunnen auf unser Immunsystem wirkt, weil es wichtige Regenerationsprozesse in Gang setzt, die unsere Abwehr aktivieren. Schon immer wußte man, daß Krankheiten müde machen, und daß Schlaf die beste Medizin gegen ansteckende Krankheiten sei. Kürzlich wurde in einem Athener Krankenhaus auch bestätigt, daß das Nickerchen Schutz vor koronaren Herzerkrankungen bietet. Eine halbe Stunde Mittagsschlaf verringert das Infarktrisiko um 30 Prozent, und bei einer Stunde sinkt es sogar um 50 Prozent. Sicher ist, daß ein Nickerchen wie eine gute Medizin wirkt. Allerdings muß es die Mindestlänge von vier Minuten aufweisen, damit sich seine erquickende Wirkung entfalten kann. In der Kürze liegt die Würze! Länger als zehn bis zwanzig Minuten zu schlafen, kann Schlaftrunkenheit oder gar Unwohlsein zur Folge haben. Aber gegen Schlaftrunkenheit können ausgiebiges

Räkeln und tiefes Durchatmen helfen, die Lebensgeister wieder zu wecken.

Das Nickerchen wiederzuentdecken bedeutet, sich selbst wiederzuentdecken. Im Vergleich zu anderen Gesundheitsmaßnahmen ist das süße Nichtstun des Nickerchens sicher eine der angenehmsten. Es ist eine sinnliche Erfahrung, die uns Zugang zu unserem inneren Universum verschafft. Viele Entdeckungen und Erfindungen verdanken wir dem kleinen Schlaf zwischendurch, weil wir während des Schlafes unsere Gedanken abkoppeln und Zugang zu unserem Unterbewußtsein erhalten. Hier liegt der Ausgangspunkt für jede Kreativität, Intuition und neue Lösungen. Man denke nur an Namen wie Einstein, Churchill oder Edison, die aus dem Nickerchen Kräfte für weltbewegende Taten und Erkenntnisse bezogen.

Warum also noch Schuldgefühle und Zweifel? Die Segnungen des Nickerchens sind inzwischen sogar offiziell belegt. Warum nicht mit ganzem Herzen ja sagen zu einer Alltagsfreude, die es nicht auf Rezept gibt und die sogar kostenlos ist? Das Nickerchen ist keine Modeerscheinung oder das neueste Heilmittel im Kampf gegen den Streß, es ist ein fundamentales Bedürfnis, das sich an der Natur orientiert und genetisch im Wesen des Menschen vorprogrammiert ist, das unsere mentalen Reserven aktiviert und uns mit Elixieren für eine verbesserte Gemütsverfassung verwöhnt. Wir müssen wieder lernen, wie wichtig die Dinge im Leben sind, für die wir keine Zeit haben: dösen, träumen, faulenzen, schlummern.

Aber wie schafft man es, im hektischen Alltag den Gang herunterzuschalten? Der Körper sendet bestimmte Signale aus, wenn er auf seine Bedürfnisse aufmerksam machen will. Neben den beiden primären Rhythmen, die auf dem Wechsel zwischen Tag und Nacht beruhen, gibt es noch sekundäre Rhythmen, die dadurch entstehen, daß in unserem Gehirn alle neunzig Minuten Hormone freigesetzt werden, die kleine „Schlaffenster" öffnen und damit unsere Schlafbereitschaft fördern. Vertrauen Sie diesen Signalen, die uns nicht zufällig überkommen: schwere Augenlider, nachlassende Konzentration, verlangsamte Reflexe, Gähnen, Stumpfheit, Müdigkeit. All diese Anzeichen laden uns ein ins Reich des Morpheus, dem Gott der Träume.

Halten Sie ein Nickerchen. Planen Sie Ihren Tag so, daß Sie nach dem Mittagessen eine Pause einlegen können. Sorgen Sie dafür, daß Sie ungestört sein können. Nehmen Sie sich ein Buch, ein Kuscheltier oder schöne Musik, worüber Sie gut einschlafen können. Vertreiben Sie alle störenden Gedanken, und lassen Sie Ihre Lider schwer werden. Schon eine Viertelstunde kann erfrischend wirken. Aber wenn Sie länger schlafen wollen und Zeit haben – warum nicht?

Wenn Ihre Seele noch angenehmer entspannen möchte, dann empfehle ich Orangenduft. Etwas ätherisches Öl auf ein Tuch träufeln und auf die Heizung legen – das macht heiter.

Sonntagsfreuden

Wenn man heute Gespräche über den Sonntag verfolgt, dann klingen sie etwa so: „Na, was war am Wochenende los?" – „Nichts war los!" oder „Die Hölle war los!" Beide Antworten wären für viele Menschen heutzutage richtig. Alte Familienfotos lassen noch etwas nachempfinden von dem besonderen Hauch und der festlichen Stimmung mit Sonntagsbraten, Sonntagsstaat und Gottesdienstbesuch. Täuschen diese Bilder? Bestimmt nicht, wenn man den Erzählungen der Alten und der akribischen Buchführung der Kirche Glauben schenkt.

Der Sonntag hat sich gewandelt. Was haben wir heute zu Buche zu führen? Bis Freitagabend in der Arbeit bedarf es hoher Selbstdisziplin, effizienten Umgangs mit Material und Maschinen, Zuverlässigkeit und Pünktlichkeit; und am Wochenende wird all das zum Laster, was vorher Tugend war. Plötzlich keine von oben verordneten Rituale mehr, denn nun ist die individuelle Entscheidung gefragt, Experimentierfreudigkeit, Flexibilität, subjektive Befriedigung, was immer man darunter versteht. Vor dem Sonntagsglück steht die Qual der Wahl, für das nicht die guten alten Verbrauchertugenden zählen, sondern der kategorische Imperativ „Erlebe dein Leben!" Eigentlich müßte der Sonntag eine Lust sein, aber weit gefehlt: Das Subjekt – von Bungeejumping, Death Metal, Jogging, Junk Food, Virtual Reality, Spaßbädern, Szenenkneipen, Kurztrips umworben – wird von der neuen Unübersichtlichkeit überfordert, verunsichert und laut Sozialwissenschaft unter inneren Entscheidungsstreß gesetzt. Das Glück des „Alles-ist-möglich" will sich nicht einstellen – mit den Krükken der Alltagsroutine läßt es sich doch leichter umgehen, deswegen sehnen viele den Montag wieder herbei.

Viele Menschen haben regelrecht Angst vor diesen kleinen Fluchten des Alltags. Sie reagieren verwirrt, weil ihnen der Lärmteppich unter den Füßen weggezogen ist, unruhig, wie unter Entzugserscheinungen, weil ihnen die plötzliche Ruhe als unerträglicher Einbruch in ihr betriebsames Erwerbsglück erscheint, die es schleunigst niederzubrüllen gilt: sei es mittels Rasenmähern, Lautsprecherboxen oder dröhnenden Motorrädern nach dem Motto: „Gib Gas, ich will Spaß." Andere entziehen sich dem grellbunten „way of life", indem sie als Glücksschmied in eigener Sache tätig werden: Sie bleiben zu Hause und setzen bewußt auf „cocooning" vor Fernseher und Chips. Aber auch das gelingt nicht streßfrei, denn vor den neugierigen postsonntäglichen Fragen der effektiven, verstörungsimmunen Kollegen will man sich ja schließlich nicht als „couch potato“ entpuppen. Also erfindet man Erlebnisse, die beweisen, daß man dem nagenden Anspruch, doch etwas „Richtiges“ unternommen zu haben, gerecht wird.

Obwohl wir uns alle unsere Wünsche erfüllen können, scheint der Sonntag nicht einkehren zu wollen. Eine kleine Geschichte aus Afrika könnte uns vielleicht eine Anregung geben:

Eines Tages kamen unter einem Rosenbaum die Tiere zusammen, weil auch sie einen Sonntag feiern wollten wie die Menschen. Der König der Tiere erklärte: „Das ist ganz einfach: Wenn ich eine Gazelle verspeise, dann ist für mich Sonntag.“ Das Pferd meinte: „Mir genügt schon eine weite Koppel, so daß ich stundenlang austraben kann – dann ist für mich Sonntag.“ Das Schwein grunzte: „Eine richtige Dreckmulde und ein Sack Eicheln müssen her – dann ist für mich Sonntag.“ Das Faultier gähnte: „Ich brauche einen dicken Ast, um zu schlafen – wenn es bei mir Sonntag werden soll.“ Der Pfau stolzierte einmal um den Kreis, zeigte sein prächtiges Federkleid und stellte höflich, aber bestimmt fest: „Nur ein Satz neuer Schwanzfedern, er genügt für meinen Sonntag.“ So erzählten und erklärten die Tiere stundenlang, und alle Wünsche wurden erfüllt. Aber – es wurde unter ihnen kein Sonntag. Da kamen die Menschen vorbei und lachten die Tiere aus: „Ja wißt ihr denn nicht, daß es nur Sonntag wird, wenn man mit Gott wie mit einem Freund spricht?“

Vielleicht fehlt auch uns die Verbundenheit mit etwas, das über uns hinaus und zugleich zu uns hin führt? In der Tat sind die Ruhepole Gottesdienst und Familienandacht weitgehend aus unserem Leben verschwunden. Vielleicht müssen wir einsehen, daß Sonntagskultur nicht ohne das Innehalten, die

Muße, das Arbeitsjenseitige geht, das uns den Blick freigibt für die Erkenntnis, welchen Phantomen wir nachjagen. Im Ausruhen arbeitet der Körper an seinem Sinn für Grenzen. Das hieße, nicht alle Möglichkeiten offenhalten, sondern bewußt den Blick für diesen Tag freihalten. Nichts erledigen, nichts aufräumen. Vielleicht bietet gerade der Sonntag die Chance, sich seiner ursprünglichen Wünsche, Träume, Sehnsüchte und Enttäuschungen wieder gewahr zu werden, und aus der erschreckenden Schlagseite zugunsten des Nützlichen in die Welt des „bloß" Unnützen, Spielerischen einzutauchen. Denn – eine Welt, in der nicht mehr gespielt, geruht und geträumt wird, ist eine unmenschliche Welt. Jahrhundertelang haben die Menschen geträumt, einmal Zeit und Muße für das Spielerische, Zweckfreie, Unnütze zu haben. Wie wäre es, diese Träume Wirklichkeit werden zu lassen? Schon Kleinigkeiten wären ein schöner Anfang. Hier ein paar Beispiele:

Decken Sie den Tisch mit besonderer Tischwäsche, stellen Sie Kerzen auf, benutzen Sie einmal anderes Geschirr. Warum nicht auch ein Kleidungsstück, das die Besonderheit dieses Tages ausdrückt? Schieben Sie alles weg, was Sie bedrückt, und konzentrieren Sie sich einmal auf die intimste Gruppe in Ihrem Leben – Ihre Familie. Es muß ja nicht den ganzen Tag sein.

Verzichten Sie auf das Fernsehen, und reden Sie statt dessen miteinander, oder erzählen Sie sich Geschichten und Träume. Das ist vielleicht nicht so spannend wie ein reißender Krimi, aber dafür hinterläßt es mehr Spuren in der Seele.

Teilen Sie den Sonntag mit jemandem, der die Muße findet, beim Spazierengehen an den Blumen zu riechen.

Holen Sie Ihr Lieblingsgedicht hervor, und lesen Sie es sorgfältig, als wäre es das erste Mal. Schließen Sie die Augen, und genießen Sie einfach den Klang und Rhythmus der Worte.

Warum nicht einmal das Sonntagsessen mit einem Lied oder einem Gebet beginnen. Das fördert die Gemeinschaft und die Atmosphäre beim Essen.

Tun Sie nur eine Sache zu einer Zeit und nicht mehrere gleichzeitig. Lernen Sie zu lassen, etwas zu verpassen, statt immer dabeizusein.

Entdecken Sie die Hängematte neu.

Überlegen Sie einmal, was für Sie die größte Zeitverschwendung oder die schönste Verwöhnung wäre. Dann tun Sie es.

Man kann nicht immer entscheiden, wie man arbeiten möchte, aber man kann entscheiden, wie man seinen Sonntag verbringt.

Spüren

Hand aufs Herz: Wer hatte das Glück, in der Kunst des Spürens angeleitet zu werden – in all ihren Feinheiten, Nuancen und Abstufungen? Viele wichtige Dinge müssen wir als Erwachsene auf uns selbst gestellt lernen. Die Sehnsucht nach Lebendigkeit, die dem Spüren zugrundeliegt, wird uns helfen, die nötige Geduld, Neugier und Übung aufzubringen. Viele Menschen haben mir berichtet, daß sie sich nach dieser inneren Lebendigkeit zurücksehnen. Dahinter steckt der Wunsch nach Verbundenheit mit dem eigenen Leib, mit der Umgebung und dem direkten Kontakt von Mensch zu Mensch. Sobald sich ein Mensch wieder als Tastender, Schauender, Hörender, Schmeckender, Riechender und Spürender erfährt, ist er nicht länger von der Welt getrennt, sondern er ist in neuer und zugleich ursprünglicher Form mit den Menschen und Dingen verbunden. Wieder spüren zu lernen ist eine Möglichkeit, verlorengegangene Verbundenheit wiederzufinden.

Unsere Zeit ist von Entfremdung und Vereinsamung gekennzeichnet. Beides ist Ausdruck von Unverbundenheit. Konstellationen wie „Du darfst nicht spüren!“, „Du darfst dir nicht anmerken lassen, daß du spürst!“ sind typische Einschränkungen, die zu gedämpften oder erstarrten Wahrnehmungen, zu maskenhaften oder entfremdeten Ausdrucksformen geführt haben.

Wie sollten wir uns umstellen, damit wir wieder mehr spüren? Die Pflege der zarten und kreativen Aspekte des

Spürens läßt sich sehr gut mit der Vorstellung vom inneren Kind verbinden. Wenn wir als Erwachsene dem Kind in uns wieder Aufmerksamkeit und liebevolles Verständnis schenken, dann sind wir geschützt vor Selbstausbeutung und verkopfter Einseitigkeit. Wieder spüren hieße, die Welt von Zeit zu Zeit mit den Augen und Ohren eines Kindes zu erfahren. Jeder weiß, wie schön es ist, wenn die Sinne ganz und gar geöffnet sind. Wenn wir uns diesen Luxus gestatten, uns selbst und der Welt wieder mit Neugier und Staunen zu begegnen, ganz frisch und überraschend, dann werden auch unsere inneren Reaktionen wieder frisch und neuartig sein. Der Klang der Natur, die Menschen unserer Umgebung gewinnen dadurch nie vorher wahrgenommene Zusammenhänge, die ungeahnte aufeinander bezogene Räume eröffnen können. Eine meiner Musiktherapiestudentinnen drückte es so aus: „In diesem Zustand war ich plötzlich in der Lage, Musik nicht mehr außerhalb von mir, sondern innerhalb, in meinem eigenen Körper zu spüren."

Eine junge Patientin, die nach einer Krebsdiagnose ihren Lebensstil veränderte und dadurch bewußter, eigenverantwortlicher und weniger angstvoll auftrat, faßte ihr neues Lebensgefühl so zusammen: „Ich spüre meine Füße wieder auf dem Boden." Für sie hieß das, daß sie jeden Tag wenigstens einmal zu sich selbst kam und fragte: „Wie ist mir zumute? Wie geht es meinem Körper? Meiner Seele? Wie stehe ich zu meinem Leben?" Wichtig ist doch, daß wir nicht erst beim Einbrechen einer Krankheit, sondern schon in guten Zeiten versuchen, die eigenen Füße auf dem Boden zu spüren. Das heißt, die Erfahrungen des eigenen Leibes ernst nehmen: im Spüren, Erleben, Fühlen und im Ausdrücken.

Lin Yutang sagte ganz schlicht: „Das menschliche Glück ist von sinnlicher Art." Vielleicht würden wir nicht nur glücklicher, sondern auch sinnlicher leben, wenn wir es uns erlauben würden, mehr zu sehen, mehr zu riechen, mehr zu schmecken, mehr zu hören und mehr zu spüren. Der graue Alltag würde farbiger, und man wäre mehr präsent. Spüren heißt präsent sein. Es ist nicht leicht, bei Gefühlen präsent zu sein, da wir ständig zu etwas anderem hingezogen werden. Aber es ist möglich, wenn wir uns gestatten, das, was ist, zuzulassen und anzunehmen, wie es ist.

Über unsere Spürsinne wird der Leib aufgeschlossen, und wir kommen zum Fühlen. Und das Fühlen ist eine Sache des Herzens. Wer sein Herz spürt, hat eine Fülle zur Verfügung. Er kann sich von Herzen freuen, jemanden herzlich liebhaben, das Herz springen oder lachen erleben; denn „Wes das Herz voll ist, des geht der Mund über". Jeder Mensch weiß, was der Weg des Herzens ist. Denn es ist das Natürlichste und Ursprünglichste, auch wenn viele dieses Wissen zugeschüttet haben. Sobald wir uns aber daran erinnern, wissen wir es wieder.

Zärtlichkeit

Wo gibt es Zärtlichkeit in Ihrem Leben? Haben Sie vielleicht ein wenig Angst vor einer spontanen zärtlichen Geste, obwohl Ihnen gerade danach zumute war? Bekommen Sie genug Zärtlichkeit? Wie könnten Sie mehr Zärtlichkeit in Ihrer Familie oder mit Ihren Freunden leben und erleben?

Sich diesen Fragen zu stellen, kann innerlich sogar ein bißchen schmerzen. Doch vielleicht ist es tröstlich zu hören, daß es im Grunde nicht viel braucht, um diese harmonisierende und heilende Dimension der Zärtlichkeit wieder als Teil des Lebens zu erfahren. Eine griffige Formel könnte heißen: „Zärtlichkeit wirkt heilend." Diese Aussage ist nicht neu, man denke nur an die Untersuchungen von René Spitz und John Bowlby, die nachwiesen, daß Kinder, die gar nicht oder nur selten berührt werden, geistig und seelisch verkümmern. Diese Einsicht gerät nur immer wieder in Vergessenheit, weil wir aus unverständlichen Gründen immer wieder dem Irrtum verfallen, Jogging und Aerobics, Rennen und Stemmen, Keuchen und Schwitzen und ähnliche freiwillige Selbstpeinigungen machten uns gesund. Hinter dem Wort „zart“ steckt nach indogermanischer Abstammung „Schmerz“ und „Geplagtsein“, während „zärtlich“ in seiner heutigen Bedeutung soviel wie „lieb, geliebt, teuer, vertraut, fein“ heißt. Was schmerzt oder plagt uns, was wehren wir ab, wenn wir uns der Zärtlichkeit öffnen? Am offensichtlichsten vielleicht die Auf- und Zudringlichkeiten unserer Umgebung und damit die Lautheit und die Indiskretionen, die unser Leben ständig in höchster Erregungsstufe halten. Zärtlichkeit erlöst uns vom erbarmungslosen Diktat der Zeit, vom Pünktlichkeitswahn und der Vorstellung, was augenblicklich geschehe, müsse auch das Allerdringlichste sein. Zärtlichkeit findet man nicht unter Termindruck und auch nicht in modernen „Terminplanern“, wie Kalender heute genannt werden. Zärtlichkeit hat Zeit und ist nicht planbar. Zärtlichkeit heißt, dem eigenen Leben Auslauf gewähren. Wir alle brauchen sie. Der Begriff „Streicheleinheiten“ ist sogar in den Duden eingegangen. Ausgerechnet in unserer rationalen, kühlen Zeit wird eine Worterfindung freigegeben, die uns von spartanischen Verklemmungen und Berührungängsten befreien soll. Die Werbung mit ihren anmaßenden Slogans wie „Verwöhn’ dich“, „Gönn’ dir was“ verspricht uns „Zeit für Zärtlichkeit“, die wir uns mit Schokoriegeln und gefärbter Limonade einverleiben sollen. Aber wie viel angenehmer und lustvoller ist es doch, wenn ein anderer Mensch uns mit Zärtlichkeit berührt und begegnet. Wer abends vor dem Einschlafen gestreichelt wird, schäft besser ein.

Die Haut, unser größtes Sinnesorgan, hat Konjunktur. Die Menschen sind mehr denn je bereit, für Berührung zu bezahlen. Massage- und Friseursalons bieten mittlerweile Dienste an, bei denen es nicht nur um Haut und Haare geht, sondern um Genuß und Wohlfühlerlebnisse. Bei den Menschenaffen nennt man dieses Verhalten „grooming", soziale Körperpflege.

Gestehen wir es uns ein: Auch wir brauchen die liebkosende Berührung. Und nicht die gekaufte. Für diese brauchen wir zwar keine Erwiderung zu geben – außer Geld –, aber sie bleibt auch so merkwürdig folgenlos. Wir brauchen die Zärtlichkeit nicht nur dort, wo es zu hektisch und stürmisch zugeht, sondern auch dort, wo eingefahrene Verhaltensmuster zu Gewohnheiten erstarrt sind. Wir brauchen sie vor allem im täglichen Leben. Sie ist sichtbar und spürbar in Worten und Gesten, die uns Verbindlichkeit und Schutz schenken, und in der Behutsamkeit und Sorgfalt der helfenden Gedanken und Hände.

Zärtlichkeit besitzt man nicht, man verschenkt sie und bekommt sie geschenkt, wenn die Worte fehlen und nur noch die Hände etwas Wesentliches ausdrücken können. Sie tut beiden gut, dem, der sie schenkt und dem, der sie empfängt. Zärtlichkeit ist mehr als bloße Höflichkeit, sie ist die Handreichung von Seele zu Seele, der Brückenschlag von Herz zu Herz. Sie schafft Verbindlichkeit, aber sie bindet nicht. Sie geht einher mit der Fähigkeit der Wahrnehmung von Unterschieden und Nuancen. Zärtliche Worte brauchen Zeit, Geduld und Behutsamkeit. Werden sie zu früh ausgesprochen, so verpuffen sie.

Das Wohlbefinden, das wir bei zärtlichen Berührungen empfinden, hängt auch mit den Endorphinen, den sogenannten „Glücklichmachern", zusammen, die unser Gehirn ausschüttet, wenn wir liebevoll umsorgt werden. Sie sagen dem Organismus, alles sei in Ordnung und solle (möglichst lange) so bleiben. Wenn wir Schmerz fühlen, geben wir uns selbst meist unbewußt heilende Berührungen, unsere Hände oder Zungen wandern an die schmerzende Stelle, weil wir intuitiv wissen, daß Berührung Schmerz lindert. Hingegen andere zu berühren, macht uns unsicher oder scheu, obwohl wir wissen, daß eine Umarmung mehr ausdrücken kann als viele gutgemeinte Worte.

Vielleicht erinnern Sie sich einmal daran, als eine liebevolle Berührung das ausdrückte, was Sie genau in diesem Moment brauchten. War es Geborgenheit, Trost, Wärme, Nähe oder Halt?

Je mehr wir uns gestatten, uns selbst zu berühren und kennenzulernen, desto eher entwickeln wir auch ein Gespür für die Bedürfnisse anderer. Selbst an Haustieren kann man ein Gespür für Berührung und Nähe entdecken, das besonders in Zeiten der Einsamkeit für viele Menschen wie ein Lebensanker sein kann. Auch in der Zuwendung zu kranken Menschen werden durch feinspürige Berührungen alle gesundmachenden Fähigkeiten der Mitmenschlichkeit, alle heilenden Kräfte vereint und damit das Gefühl der Geborgenheit vermittelt.

Es gibt Situationen, in denen wir schwer zugänglich sind für Zärtlichkeiten, beispielsweise wenn wir sehr aufgewühlt oder angespannt sind. In solchen Situationen kommt es sehr auf Achtsamkeit an, mit der wir unsere Bedürfnisse und unsere Grenzen wahrnehmen und respektieren. Zärtlichkeit hat viel mit Achtung für die eigenen Grenzen und die der anderen zu tun, vor allem aber meint sie die Fähigkeit, mit dem Herzen zu denken, zu lauschen und zu handeln. Zärtlichkeit ist ein Lichtstrahl der Liebe. Ist es nicht besser, hin und wieder ein Licht zu entzünden, statt die Dunkelheit anzuklagen?

Kuscheln

Eine in Los Angeles durchgeführte Langzeit-Studie brachte 1996 das erfreuliche Ergebnis: Kuscheln ist gesund, und zwar genauso gesund wie regelmäßige morgendliche Gymnastik. Sanfte, liebevolle Berührungen durch einen Freund oder Partner lösen nachweislich physiologische Reakionen aus: Glückshormone werden freigesetzt, das Immunsystem wird aktiviert, das Lebensgefühl gesteigert. Besonders der Kreislauf wird auf sehr gesunde, schonende Art angeregt, nicht zu schnell und nicht zu langsam. Genauso wie es für den Organismus nach einem erholsamen Schlaf notwendig ist.

Die meisten Menschen haben irgendein Ritual, um morgens in Schwung zu kommen. Der frische Kaffee oder Tee, Radiomusik, die heiße Dusche, der Waldlauf und die Morgengymnastik, zu der sich allerdings nur 18 % der deutschen Bevölkerung überwinden können. Selbst Mediziner raten heute zu „gemäßigtem Körperübungstraining", weil man inzwischen weiß, daß die Plackerei der um sich greifenden Versportlichung unseres Alltags nicht das gebracht hat, was wir uns alle erhofften – Gesundheit und Lebensfreude. Die schlichte, aber vergessene Wahrheit lautet: Nicht jede körperliche Ertüchtigung ist für jeden das Richtige. Wir müssen wieder lernen, daß der Wert körperlicher Aktivität nicht von schweißtreibenden Tätigkeiten, Schinderei, Herzbeschleunigungsmesser, Trainingsanzug abhängt, sondern müssen uns bewußtmachen, daß schlichte, einfache, lustvolle Tätigkeiten auch gesund sind. Warum nicht Kuscheln oder Schmusen? Wir haben die Gelegenheit, das Fitneßspiel nach neuen beziehungsweise nach alten, vergessenen Regeln zu spielen. Eine gute Nachricht für all die, die ihre Kalorien mit Phantasie, Eigensinn und Eigeninitiative verbrauchen wollen, statt mit Geld für das Fitneß-Studio.

Das Kuscheln entspricht in idealer Weise dem, was wir am Morgen brauchen. Es vertreibt den Morgenstreß, die Sorgen und ängstlichen Erwartungen über das, was der Tag bringen oder eben nicht bringen mag. Beim Kuscheln kann man auf sanfte Weise die Gnade der Verdrängung üben, die Gelassenheit, die man braucht, um die Dinge sich entwickeln zu lassen. Langsam kommt das Blut in Wallung, Herz und Atmung werden stimuliert und behutsam angeregt. Ein kleiner Impuls geht auch an die Leber, die bei ihrer morgendlichen Entgiftungstätigkeit sanfte Unterstützung gut gebrauchen kann. Außerdem steigert das Kuscheln die gesamte Leistungsfähigkeit, weil Körper, Geist und Seele gleichermaßen angesprochen werden. Wer mit einer Kuscheleinheit in den Tag startet, kommt danach viel leichter auch geistig in Schwung, kann sich im Straßenverkehr und bei der Arbeit besser konzentrieren und ist weniger reizbar. Die erwähnte kalifornische Studie von Professor Edward Lawrey wies sogar nach, daß Paare, die morgens regelmäßig den Tag mit Kuscheln begannen, überaus zufriedenstellende Cholesterin- und Blutdruckwerte zeigten. Die Moral von der Geschichte: Kuscheln am Morgen vertreibt Kummer und Sorgen. Wer angefaßt wird, behält die Fassung. Probieren Sie es aus:

Überraschen Sie Ihren liebsten Menschen mit einer besonderen morgendlichen „Kuscheleinheit“, oder schlafen Sie wieder einmal eng umschlungen ein, und erzählen Sie sich dabei etwas, was nur Sie beide angeht. Wenn Sie gerade „beziehungslos“ sind, tun Sie es in der Phantasie.

Oft stellt sich mir die Frage, weshalb die Menschen, vor allem in skandinavischen Ländern, soviel duschen. Kann es nicht sein, daß das Duschen auch eine Möglichkeit ist, seinen Körper noch einmal fühlen zu wollen? Jedenfalls gehört der Wunsch, zu berühren und berührt zu werden, zu einem der wichtigsten Quellen der Gesundheit. Kann man nun sagen, laßt uns uns mehr berühren und anfassen, dann wird alles wieder gut? Sicherlich ist es nicht so einfach. Bestimmte Formen des Berührens sind unangenehm oder unerwünscht, und es gibt Berührungsprivilegien und Berührungsverbote. Gleichwohl bleibt der Prüfstein der Berührung das Wohlwollen oder noch mehr: die Liebe. In diesem Zusammenhang denke ich an die Menschen, die niemanden zum Kuscheln haben. Vielleicht vergessen wir allzuoft, daß sie, mehr als alle anderen, Berührungen, Streicheln oder Angefaßtwerden brauchen. Auch von Kranken in Krankenhäusern wissen wir, daß sie rascher gesunden, wenn sie von den Pflegenden öfters berührt werden. Sie sind besonders angewiesen auf die Geschenke unserer unmittelbaren Zuwendung. Ein Streicheln der Stirn oder Berühren der Hände spricht oft mehr als viele Worte. Berührung in unserer kühlen „Rühr-mich-nicht-an-Gesellschaft" nutzbar zu machen, heißt nicht zuletzt: sie zu pflegen.

Sie können es ausprobieren, wenn Sie die Hand eines Ihnen nahestehenden Menschen berühren. Wenn Sie gleichzeitig mit ihm sprechen, vertieft sich Ihre Begegnung. Einander bei der Hand halten ist eine bedeutsame, aber auch leichte Art, einander Zuneigung zu zeigen. Man ist einander verbunden, dennoch bleibt der größte Teil des Körpers frei. Ein Sinnbild von Wertschätzung, das uns erlaubt, unsere Mauern fallenzulassen, die uns voneinander trennen.

Der Rohstoff „Berührung" ist eigentlich zu schade, um vertan, verweigert oder zerstreut zu werden. Uralte Wege wären wieder zu begehen, die zum Glück noch nicht zugewachsen sind. Leisten wir uns diesen aus der Mode gekommenen Luxus. Kuscheln, wohldosiert und wohlverstanden, ist frei nach Baudelaire genau dies: Luxus, Muße und höchste Lust.

Barfuß gehen

Was wir oft brauchen, um uns selbst zu spüren und zu genießen, ist meist alltäglicher und schlichter, als wir meinen. Wer bemerkt, daß seine Gedanken und Träume ihren Ursprung in den Füßen haben, der kümmert sich um seine Füße und geht barfuß. Diese Einsicht verdanken wir dem Gott Merkur, dem Lehrmeister aller Schriftsteller, in dessen Obhut die Füße lagen. Er kümmerte sich stets zuerst um seine Füße. „Will der Mensch sich selbst erkennen, soll er nicht Atome oder Sterne untersuchen, sondern seine Füße. Der Fuß ist der ganze Mensch … sein Haupt, sein Herz und das wahre Wesen des Menschen." Für unsere Ohren mag diese Behauptung des griechischen Gottes Attis etwas übertrieben klingen. Gleichwohl bleibt aber die Tatsache, daß der Fuß ein individuelles Merkmal ist, ein Ausdruck unseres Selbst mit der Botschaft „Ich bin da", „Ich bin anwesend". Bevor Sie weiterlesen, halten Sie kurz inne, und spüren Sie in Ihre Füße:

Wie geht es meinen Füßen? Bin ich anwesend in meinen Füßen? Spüre ich meine Fußsohlen? Welche Empfindungen und Tastwahrnehmungen registriere ich?

Vielen Menschen fällt es schwer, hin und wieder die Schuhe auszuziehen und barfuß zu gehen. Kein Wunder, denn oft werden uns schon von klein auf Entwicklungsmöglichkeiten vorenthalten, weil man unsere Füße zu frühzeitig in Schuhe steckt. Wer kennt nicht die besorgten mütterlichen Mahnungen „Zieh dir Schuhe an", „Hast du nicht kalte Füße?", „Wo sind deine Hausschuhe?" Dennoch wissen die meisten, welche Wohltat und Erleichterung es bedeutet, endlich die Schuhe ablegen zu dürfen, oder wie sich im Sommer, wenn wir ganze Tage oder Stunden barfuß verbringen, unser Lebensgefühl verändert. Ist es nicht köstlich, durch den welligen Sand eines Meeresstrandes zu wandern, über einen Waldboden oder durch eine Wiese im Tau der Morgenfrühe zu gehen? Barfuß werden wir friedlich, gelassener und sogar heiterer. Eine hochbetagte Dame bemerkte dazu: „Wenn ich mein Leben noch einmal leben könnte, würde ich im Frühjahr früher anfangen, barfuß zu laufen, und im Herbst später damit aufhören."

Barfußgehen und Muße sind zwei verwandte Begriffe. Wir können ohne weiteres sagen, wer barfuß geht, der hat auch Muße. Wer barfuß geht, widersteht der Versuchung zu eilen und zu hasten. Wer barfuß geht, ertastet und begreift im wahrsten Sinn des Wortes mit seinen Füßen die Welt und gewinnt Einsicht in den Rhythmus und das Maß, das ihm seine Füße erlauben. So paradox es klingt, Erfahrungen werden nicht erfahren, sie werden ergangen, ertastet, ergriffen. Insofern ist Barfußgehen ein poetisches Handeln. Es entzieht sich der Beschleunigung und der Hektik unserer Zeit und gerät damit zur subversiven, kontraproduktiven Weltanschauung. Ist es nicht interessant, daß unser Geschäfts- und Arbeitsstatus eng verknüpft ist mit hochhackigen, schmal geschnittenen, eleganten Schuhen? Wer kann es sich schon erlauben, mit bequemen Pantoffeln oder Turnschuhen oder gar barfuß am Arbeitsplatz zu erscheinen? Allenfalls am Strand oder im Grünen, wo ohnehin nichts Nennenswertes von uns erwartet wird, dürfen wir barfuß gehen. Ich erinnere mich sogar an eine Klientin, die ihren Therapeuten verließ, weil er barfuß mit ihr arbeitete. Vielleicht spüren wir intuitiv, daß Barfußsein zur konfrontativen Weltanschauung, zum Ausstieg aus dem herrschenden Tempo führen würde. Wir wären langsamer, entspannter, philosophischer und damit weniger rivalisierend, effizient und ehrgeizig. Man kann nicht arrogant werden, wenn man barfuß geht. Oder um es poetisch im Sinne Ernst Wiecherts zu sagen: „Wer viel barfuß geht, trifft seinen Engel."

Der Entwicklungspsychologe Jean Piaget wies nach, daß die taktile sensorische Wahrnehmung und das motorische, begreifende Umgehen mit den Dingen der Umgebung die Grundlage der geistigen Entwicklung des Kindes sind. Das heißt also, daß wir nur das wirklich begreifen, was wir leibhaftig begreifen. Körperorientierte Therapieformen wissen darum. In der Bioenergetik wird deshalb als eine der Grundformen das „Grounding", das Geerdet- und Gegründetsein, geübt. Nach Alexander Lowen bestimmt die Qualität des Bodenkontaktes mit den Füßen, wie gegründet, verwurzelt und eigenständig ein Mensch ist. Die Reflexzonenmassage, die sich als alte Heilkunst heute zunehmender Beliebtheit erfreut, basiert auf der gezielten Massage von Füßen, um von Schmerzen und Spannungen zu befreien. Der wohltuende Effekt hängt damit zusammen, daß die Fußsohle eines der nervenreichsten Organe ist – wie sonst nur noch Lippen und Zunge. Der Fuß ist mit den inneren Organen derart verbunden, daß diese von der Fußsohle über Reflexpunkte massiert werden können. Ähnliche Effekte hat das Barfußgehen. Es wirkt wie eine Ganzheitsmassage, nur mit dem Unterschied, daß sich uns Mutter Erde mit einer unerschöpflichen Bandbreite an Massagemöglichkeiten kostenlos zur Verfügung stellt. Sie spricht zu unseren Füßen mit Gras, Geflecht, Sand, Schlamm, Tannennadeln, Steinen und Kieselsteinen, Moos, Moor, Laub und Wasser. Und unsere Füße, die wir meist so stiefmütterlich im Dunklen, verpackt und zugeschnürt halten, sehnen sich ebenso wie wir nach Licht, Luft und abwechslungsreichen Reizen. Vielleicht bekommen Sie Lust, bei einem kleinen Spaziergang die Welt wieder einmal barfuß zu entdecken:

Wählen Sie einen Weg, dessen Untergrund sicher und angenehm zum Gehen ist. Sie werden weniger Spaß mit Wegen mit spitzen Steinen oder Betonwegen haben. Richten Sie Ihre

Aufmerksamkeit in die Fußsohlen, und versuchen Sie, den Boden bewußt zu ertasten. Welche Rückmeldungen geben Ihre Füße? Schließen Sie die Augen hin und wieder, und genießen Sie das Erlebnis des Getragenseins.

Unsere Füße haben mehr taktiles Vermögen, als wir ihnen zutrauen. Im Alltag geben sie uns Botschaften über die Beschaffenheit der Fußböden, Holz, Marmor, Stein, Linoleum, Kacheln, und signalisieren Gefahren, wenn der Boden unsicher wird. Als Organistin erlebe ich fast täglich das Wunder, daß Füße Noten lesen können und genauso schnell spielen können wie Hände. Von Menschen, die ohne Arme geboren wurden, wissen wir, daß sie mit den Füßen in der Lage sind, die erstaunlichsten Dinge zu vollbringen: schreiben, malen, waschen, anziehen und sogar Geige spielen. Jeder Säugling benutzt seine Füße zunächst noch zum Greifen wie seine Hände. Dieses Vermögen wird im Laufe des Lebens gedrosselt durch das frühzeitige Eingezwängtsein in Schuhe und weil wir uns eher mit Augen und Ohren orientieren. Es ist also geraten, seine Füße aufzuwecken und mit ihnen neue Erfahrungen auszuprobieren. Es geht um bewußte Achtung eines in Vergessenheit geratenen Teiles des eigenen Leibes. Deswegen meine Anregung:

Geben Sie sich und Ihren Kindern ausreichend Gelegenheit zum Spielen mit den Füßen. Es macht einfach Spaß, die Füße viel zum Greifen zu benutzen. Wie wäre es mit der Türklinke, dem Wasserhahn oder einem Ball? Sie werden entdecken, welch phantastische Regenerationsmöglichkeiten im liebevollen Ausprobieren und Berühren der Füße liegen.

Wer seine Sinneswahrnehmungen in Anspruch nimmt, erfrischt sich und baut sich auf. Unsere Füße sind Antennen, die unsere Sinne schärfen, die Urteilsfähigkeit und das Bewußtsein steigern. Es geht darum, wieder in Kontakt mit dem Boden zu kommen, sensibel zu reagieren, fest zu stehen und feinspürig zu gehen. Das könnte man auch als Bild für die Verbindung von Leib und Geist benutzen. Barfußgehen heißt unabhängig sein und damit dem nahekommen, was als das Ideal der Autonomie gemeint ist. Kurzum: Engel haben Flügel, Menschen haben Füße.

Spazierengehen

„Von einem, der spazierengeht“, so Arthur Schopenhauer, „kann man niemals sagen, er mache einen Umweg.“ Im Gegenteil, beim Spazierengehen erforschen wir den Raum, wie es die lateinische Sprachwurzel „spatium“, der Raum, nahelegt. Alle anderen Fortbewegungsarten sind ja vom Gehen abgeleitet, sind Erfindungen der menschlichen Mobilmachung oder Eile. Wer geht, eignet sich Raum und Zeit mit seinen eigenen Füßen an. Wer geht, spürt seinen Körper und sein Alter. Wer geht, begegnet sich selbst im eigenen Tempo, im eigenen Rhythmus. Wer geht, ist auf sich selbst konzentriert – ist bei sich. Wer geht, geht niemandem in die Falle, weil er merkt und wahrnimmt, was er tut, weil er von innen her geleitet ist.

Gehen hat etwas mit Erinnern zu tun. Ein Beispiel dafür: Eine Frau ist auf dem Weg zur Bushaltestelle und versucht, sich etwas ins Gedächtnis zu rufen. Doch ihre Erinnerung ist blockiert, ihr Gedächtnis versagt. In diesem Moment verlangsamt sie unbewußt ihren Schritt, als wolle sie sich Zeit verschaffen, um ihrem Gedächtnis nachzuhelfen. Und umgekehrt beschleunigt jemand automatisch seine Gangart, der versucht, einen gerade erlebten Vorfall zu vergessen. Als wolle man sich rasch entfernen von dem, was zeitlich so nahe liegt und womöglich schmerzlich war. Die existentielle Mathematik hat für diese Erfahrung eine eingängige Formel geprägt: Der Grad der Verlangsamung verhält sich direkt proportional zur Intensität der Erinnerung; und der Grad der Beschleunigung verhält sich direkt proportional zur Intensität des Vergessens. Geschwindigkeit ist mit dem Vergessen gepaart. Die Geschwindigkeit beschleunigt das Vergessen. Das Vergessen des Fußgängers ist sozusagen noch „fußgemacht“, er erinnert sich und vergißt mit einer relativen Geschwindigkeit. Aber der Reise-Routinier, der Jet-set-, Internet- und Weltreisende, sie alle industrialisieren das Vergessen und verwandeln es in eine Macht, die Hand in Hand mit dem Vergessen des Lebens und der Welt geht.

Gehen setzt das Denken in Bewegung. Oder: in der Bewegung kommt das Denken in Gang. Im Denken gehen und beim Gehen denken ist das gleiche. Beides gehört zuammen. Man merkt es auch den eigenen Gedanken an, ob sie an tristen Schreibtischen oder im Freien gehend entworfen wurden. Wenn man sich auf den Weg macht, entkommt man dem Schwall der eigenen Wörter, die Dinge und Zwischentöne der Welt reden einen an und wollen in den Dialog miteinbezogen werden. Davon reden Philosophen wie Nietzsche und Heidegger, die die Nachdenklichkeit der Wege mit in ihre Diskurse hineingenommen haben. Beim Gehen werden die Gedanken wacher und reger, unbestechlicher und widerständiger. Beim Sitzen werden sie schwerfälliger, besitzergreifender und bequemer. Nietzsche riet, jedem Gedanken zu mißtrauen, „der nicht im Freien geboren ist und bei freier Bewegung“. Er wußte: „Alle Vorurteile kommen aus den Eingeweiden.“

Ich gehe, also bin ich. Man könnte sogar sagen, wer geht, hat mehr vom Leben. Gehen ist nicht nur eine Fortbewegungsart, es ist auch eine Lebensart. Ein bewußter Ausstieg aus der Präsenzpsychose unserer Zeit, die da heißt: „Ich eile, also bin ich", um möglichst viel in wenig Zeit zu erreichen, um möglichst immer und überall verfügbar zu sein. Gehen ist eine bescheidene, aufrechte Form der Fortbewegung mit der bewußten Entscheidung „Hier und Jetzt", „Nur-Noch" und nicht immer und überall. Im Zeitalter des ständigen Unterwegsseins, der „panischen Mobilmachung" (Sloterdijk), gerät das Gehen zur konfrontativen Weltanschauung, die Aufrichtigkeit zuläßt, weil es uns zum bewegten, wahrnehmenden Menschen macht, der die Welt noch aufrecht zur Kenntnis nimmt und sich an ihr mißt. Wenn wir den Zug oder das Flugzeug besteigen, verlassen wir in Wirklichkeit gar nicht den Ort, wir lassen uns auf unseren Sitzkissen transportieren. Wir werden deplaziert, sagte Paul Virilio. Schlimmer noch, wir wechseln den Ort, ohne es zu merken. Es geht einfach weiter, aber es verändert sich nichts, weil es nicht aus eigener Kraft und Aneignung geschieht. Wir werden deportiert.

Entfernt davon, eine Entwicklung rückgängig machen oder aufhalten zu wollen, stelle ich die Frage, wieviel Zeit nötig wäre, die wir uns gönnen sollten, um unserer Seele Gelegenheit zu geben, den Körper einzuholen, um die Wegstrecken aufzuholen, die wir uns ständig zumuten? Natürlich gibt es Zeiten in unserem Leben, da müssen wir planend und haushälterisch mit unserer Zeit umgehen. Aber ist es nicht ein Glück, hie und da eine Zeitspanne zu haben, die unverplant einfach zur Verfügung steht? Eine sinnweisende Geschichte hierzu wurde von einem Wissenschaftler erzählt, der auf seinen Forschungsreisen durch den Amazonas von Trägern gefolgt wurde, die ihm anfangs willig folgten. Nach einigen Tagen blieben sie jedoch hartnäckig auf ihren Lasten hocken. Als alles Zureden nichts fruchtete, gab schließlich der Stammeshäuptling eine Erklärung ab: Seine Untergebenen könnten nicht weitergehen, bevor ihre Seele den Körper nicht eingeholt hätte. Verständlicherweise fällt es uns, die wir mit dem

Erlebnis der Beschleunigung auf sämtlichen Lebensgebieten konfrontiert werden, schwer, nicht der atemberaubenden Schnelligkeit zu verfallen. Dennoch sind solche Erwägungen nicht von der Hand zu weisen. In unserer Zeit wird soviel wie niemals zuvor von der Sehnsucht nach Langsamkeit geredet und dem Heimweh nach jener Zeit, in der man noch Zeit hatte. Schon Nietzsche stellte lakonisch fest, daß der Mensch für die Luftschiffahrt nicht gut genug sei.

Im Gehen weitet sich der individuelle Bezug zur Welt. Wir kommen wieder in Kontakt mit Mutter Erde. Interessanterweise benutzen die Griechen dafür das Wort „humus". Humus, Humanitas, Humanismus, Humanität, Humor – alle stammen aus der gleichen Wurzel: der Erde. Mit unseren Füßen fest auf der Erde, erfahren wir wieder jene ursprüngliche Verbindung und Bescheidenheit, die uns spüren läßt, wo unsere wahre Heimat ist.

Eine Möglichkeit, sich im Alltag mit dem Körper zu verbinden, ist die Gehmeditation. Suchen Sie sich eine möglichst vertraute Strecke in Ihrer Umgebung, und genießen Sie das Gehen, um einfach nur zu gehen – ohne Ziel. Gehen Sie schweigend, und setzen Sie Ihre Schritte sorgfältig in dem Tempo, das sich für Sie gut anfühlt. Konzentrieren Sie sich auf Ihren Atem und die Schritte, die Sie während des Einatmens machen, dann auf die Schritte während der Ausatmung. Achten Sie auf Ihre Umgebung, vielleicht entdecken Sie etwas Neues, obwohl Sie schon unzählige Male daran vorbeigingen.

Ist es nicht ein beruhigendes Gefühl, jederzeit anhalten und umkehren zu können? Der Gehende ist ein freier Mensch, das Gegenteil vom gehetzten, eiligen Menschen, der sich die Zeit untertan machen will. Nachzulesen bei dem 1802 bis nach Sizilien gewanderten Johann Gottlieb Seume. Er tat es, um „das

Zwerchfell auseinander zu wandeln“, denn er war überzeugt, daß der, der geht, mehr wahrnimmt und „daß alles besser gehen würde, wenn man mehr ginge“. Nicht einmal die Kutsche benutzte er, denn wenn man einmal sitzt, entfernt man sich „sogleich einige Grade von der ursprünglichen Humanität“.

Das Gehen entspricht unserem Gastsein in dieser Welt am ehesten. Beim Gehen wird deutlich, daß das Leben ein Unterwegssein ist, ein Transitorium, auf dem wir dankbar empfangen, aber nicht festhalten dürfen. Jeder Schritt hält seine eigenen Sehweisen und Abenteuer bereit, und jedesmal nehmen wir die Zeit und den Raum anders wahr. Selbstkonfrontation, Selbstverwandlung und Selbsterneuerung, das sind Sinn und Zweck unseres Weges. Es ginge uns wahrscheinlich besser, wenn wir wieder mehr gehen würden.

Schwimmen

Ich entdecke immer wieder Dinge, die mich das Staunen lehren. Nichts tun, nichts stören, sich überlassen, sich im Wasser treiben lassen. Gelassenheit, Offenheit, Hingabe, das sind die Begriffe, die mir einfallen, wenn ich an das Schwimmen denke. Nicht an das Schwimmen im üblichen Sinne von Fortbewegung oder sportlicher Tätigkeit, sondern an das Erlebnis des Schwimmens als Getragensein, als Leichtersein als das Wasser. Ein passives Schwimmen, das sich der Bewegung des Wassers überläßt und Teil des tragenden Elementes wird. Solch ein Schwimmen kann uns in den Zustand vorbewußten Daseins zurückversetzen – ein Zustand ähnlich dem des Dösens.

Ein Stück Holz, Kork oder Schilf schwimmt und braucht nicht angestrengt zu rudern, um das Untergehen zu verhindern, denn sie sind leichter als das Wasser. Dank physikalischer Erkenntnisse wissen wir, daß auch wir Menschen die

Voraussetzungen besitzen, wie ein Stück Holz schwimmen zu können. Aber was tun wir? Wir strengen uns an, rücken die Leistung in den Vordergrund, absolvieren unsere uns selbst auferlegten Schwimmrunden, verkrampfen uns und geraten außer Atem. Schwimmen ist bei den meisten zur Arbeit ausgeartet, kaum jemand gestattet sich noch das Vergnügen, sich einfach dem Auftrieb des Wassers hinzugeben und dabei einen Genuß zu erleben, der etwas mit Freiheit und Muße im ursprünglichen Sinn zu tun hat. Ein Zustand scheinbarer Schwerelosigkeit, in dem das Erlebnis von „Ganz-bei-sich", „Ganz-mit-sich" möglich wird. Probieren Sie es aus:

Lassen Sie sich vom Wasser tragen. Wenn Sie Angst vor größeren Gewässern haben, können Sie schon in der Badewanne etwas vom Getragenwerden ausprobieren. Lassen Sie Arme und Hände und je nach Lage auch Beine vom Wasser nach oben heben.

Wenn man bewußt erlebt, wie man sich dem Auftrieb des Wassers überlassen kann, erfährt man viel über Loslassen, Gelassenwerden, Gelassenbleiben und Vertrauen. Allerdings muß man dabei ganz still und angstlos sein. Sobald man sich verkrampft und den Atem anhält, sinkt man tiefer ein, das heißt, man wird schwerer und schafft physikalisch ungünstigere Voraussetzungen. Man entdeckt vielleicht, daß je mehr man sich dem Wasser hingeben kann, desto weniger starre und steife Gelenke hat man, je weniger Widerstand man dem Auftrieb entgegensetzt, desto vollkommener kann sich der Auftrieb des Wassers auswirken. Wem es gelingt, sich in den Rhythmus der Wellen einzufügen, merkt, daß er sich endlos lang mühelos halten kann. Wer sich anstrengt, wird schon nach wenigen Minuten am Ende seiner Kräfte sein. Will man die Erfahrung des Getragenwerdens empfinden und vertiefen, so empfiehlt sich für den Anfang das Schwimmen in der Rückenlage:

Im Wasser einfach auf den Rücken legen, entspannen und nichts tun – außer Tagträumen nachzugehen – und das Dahintreiben im Wasser genießen.

Unsere gesamte Kunst- und Wissenschaftsgeschichte ist voller Beispiele, daß Ideen und schöpferische Kicks niemals unter Druck entstanden, sondern immer in „Auszeiten", in Momenten wirklicher Hingabe und Muße. Schwimmen, so betrachtet, wäre eine lustvolle Möglichkeit, einen „leeren" Geist zu haben, den man unbeschwert in Raum und Zeit umherschweifen läßt. Ein solcher Zustand reinen körperlichen Wohlbehagens, der von den Widerständen des täglichen Lebens frei ist, läßt vielleicht auch bei Ihnen neue Ideen durchsikkern und schlummernde Träume nach oben sprudeln. Aber vielleicht genügt auch die reine Freude, wenn Körper und Seele einmal wieder ganz leicht werden. Sie können dies auch im übertragenen Sinn in Ihrem Alltag umsetzen:

Lassen Sie sich einfach von einer Tätigkeit zur nächsten treiben, als wären Sie Wasser. Schwimmen Sie nicht gegen den Strom, tun Sie lediglich, was Ihnen behagt. Wenn Sie Lust zum Aufräumen, Spazierengehen, Baden, Telefonieren verspüren, tun Sie es einfach, dann warten Sie ab, was sich als nächstes meldet. Folgen Sie jeder Stimmung – bleiben Sie im Fluß.

Wer sich dem Fluß der Gedanken, Phantasien und Ideen hingeben kann, erlebt im übertragenen Sinn, was es heißt, sich vom Wasser tragen zu lassen. Er erlebt das aus der Kindheit stammende, aber nicht kindisch gebliebene Vertrauen, das es braucht, sich vom Leben tragen zu lassen. Ein heiliges Gefühl!

Geniessen

Genuß ist für Menschen das, was der Dünger für Pflanzen ist. Die Kunst des Genießens ist es, die das Leben lebenswert macht. Ohne sie wäre es grau und öde. Sich selbst Freude und Genuß zuzugestehen, ist ein Beispiel dafür, gut zu sich selbst zu sein. Natürlich ist jeder Mensch anders, und jeder genießt auch anders. Aber eines haben alle Genießer gemeinsam: Sie suchen das angenehme, lustvolle Gefühl. Sie beherrschen die Lebenskunst, sich den schönen Dingen hinzugeben. Dabei finden sie Entspannung, Zufriedenheit, Dankbarkeit oder Anregung. Also genau das Gegenteil von Entsagung und Streß. Genießenkönnen hängt auch mit einer Einstellung sich selbst gegenüber zusammen, die von Selbstakzeptanz und Selbstbestätigung geprägt ist. Der entscheidende Faktor dieser Einstellung ist die Fähigkeit, alltäglichen Erfahrungen mit Wertschätzung zu begegnen, denn Genuß ist kein Weihnachtsvergnügen. Genuß geht immer und überall. Wahre Genießer erkennt man daran, daß sie die kleinen alltäglichen Freuden zu schätzen wissen.

Genießen läßt sich erlernen, wenn man ein paar Spielregeln beherzigt. Genuß braucht Zeit. Zeit, die man sich nehmen muß – oder genußvoller gesagt – Zeit, die man sich nehmen darf. Ausdrücke wie Mahl*zeit*, Frei*zeit* werden wieder zu ihrem Recht kommen, wenn man sich Zeit gönnt. Der sinnliche Genuß wird wie von selbst beträchtlich wachsen. Genuß ist immer an unsere Sinne gebunden, und sie brauchen Zeit, um sich entfalten zu können. Bei vielen Menschen müssen die eingeschlafenen Sinne aber erst wieder geweckt und wahrnehmungsfähig gemacht werden. Daher heißt es üben, üben, üben … Alle Sinne leisten ihren Beitrag dazu: Auge und Ohr ebenso wie Haut und Gaumen. Jedem der fünf Sinne entspricht eine Kunst: Malerei ist Kunst, die man sieht, Musik ist Kunst, die man hört, Kochkunst kann man schmecken und Aromen oder Parfum kann man riechen. Und fühlen kann man die Kunst der Liebe, die auch eine Kunst der Berührung ist. Eine Möglichkeit, um Ihre Sinnlichkeit zu erfahren, können Sie unmittelbar mit Ihren nächsten Mitmenschen ausprobieren:

Versuchen Sie einmal, Ihren Gesprächspartner nicht über den Kopf wahrzunehmen, sondern darüber, was Sie von ihm sinnlich erfassen können. Beginnen Sie Ihre Sätze mit: Ich sehe … Ich höre … Ich rieche … Ich schmecke … Ich fühle … Wichtig dabei ist, daß Sie nur das nennen, was Ihnen gerade in diesem Augenblick einfällt und sinnlich erfahrbar ist. Vielleicht werden Sie dabei plötzlich wieder wahrnehmen, was Sie an Ihrem Gegenüber mögen.

Genuß steht nicht im Widerspruch zur Arbeit. Meist macht er sie erträglicher und verleiht ihr einen Tropfen Glück. Genuß muß nicht einmal abwechslungsreich oder mit Anstrengung und Aktivität verbunden sein. Auch das Betrachten einer Pflanze, eines Tieres, das Verweilen am Waldrand, ein frisch gepflückter Apfel, ein ehrlicher Wein oder das Aussuchen eines schönen Stoffes können Genuß bereiten, wenn man sich die Erlaubnis gibt und sich darauf mit all seinen Sinnen einläßt. Aber Genuß läßt sich nicht einfach so nebenher herbeizaubern. Dem Genuß beziehungsweise den Objekten des Genusses muß man sich mit voller Bewußtheit und

Konzentration hingeben. Deswegen ist Genuß mehr als Vergnügen. Er ist eine Lebensform, eine Domäne des Gefühls, die aus Zärtlichkeit, Großzügigkeit und Dankbarkeit geboren ist. Genuß ist nicht käuflich, weil er von innen, aus einem selbst heraus kommen muß.

Im Grunde ist das Genießen die ursprünglichste, einfachste Sache der Welt. Schon das Baby genießt an der Mutterbrust so hingebungsvoll wie später der Erwachsene ein Glas köstlichen Weins. Ein frisches Brot ist nicht weniger Genuß als ein Essen im Dreisternelokal, ein Sonnenaufgang stimmt genauso heiter wie ein Bild von Cézanne, wenn man diese Genüsse mit Demut und nicht für selbstverständlich hinnimmt. Allerdings gibt es auch Feinde des Genusses: die Gier und die Sucht. In Goethes Faust wird beschrieben, wie es einem ergeht, wenn sich die Jagd nach Genüssen verselbständigt hat: „So tauml' ich von Begierde zu Genuß und im Genuß verschmacht' ich nach Begierde." Auch der Geiz und der Fanatismus vertragen sich nicht mit Genuß, denn Genuß ist eine Lebensart, die unser Dasein verschönern soll. Nichts gegen Verzicht und Bescheidenheit, aber Genuß als Würze des Lebens – dazu will ich gern anregen. Wer genießen kann, ist auch bereit, den Genuß mit anderen zu teilen. Es ist sicher kein Zufall, daß im Wort Genuß ja auch das Wort „Genosse" steckt. Vielleicht ist das die höchste Form von Genuß: Sinn für das Glück der Gemeinsamkeit.

Morgenlust

Obwohl wir uns eigentlich zu einem Schlaraffendasein beglückwünschen müßten, wächst das ungute Gefühl, daß wir uns zunehmend von einem guten und erfüllten Leben entfernen. Das Frühstück, so scheint mir, ist von allen Mahlzeiten am meisten entfernt von dem, was man unter kulinarischem Glück verstehen könnte. Obwohl ich nichts gegen das klassische deutsche Frühstück habe, frage ich, warum muß es denn 365 mal im Jahr das gleiche sein? In der Gewöhnung schlafen die Sinne ein, oder sie werden zumindest matt. Dabei kann das Frühstück, die erste Mahlzeit am Tag, eine Chance sein, sich gut auf den Tag einzustimmen, so daß der Beginn des Tages unter einem guten Stern steht. Natürlich weiß ich, daß man gegen eingefleischte Morgenmuffel machtlos bleibt, aber ich weiß auch, daß Um- oder Neugewöhnungen das einzige Mittel sind, die Erneuerung unseres Lebensgefühls zu erzielen. Man muß nicht gleich wie ein König frühstücken, aber vielleicht mit etwas mehr Muße, abwechslungsreicher und sinnlicher. Ein Blumenstrauß auf dem Frühstückstisch, angenehme Frühstücksmusik und ein Knuspermüsli mit Nüssen und Obst schmeckt nun mal besser als aufgebackene Croissants oder Magerquark. Ein phantasievolles Frühstück erfordert vielleicht ein bißchen mehr Zeit als die gewohnte Marmeladenstulle, es verspricht aber auch mehr Genuß. Alle Sinne sollen am Morgen geweckt werden: Auge und Ohr ebenso wie der Gaumen. Mit einem guten Frühstück läßt sich eine Zufriedenheit erreichen, die dem Glück sehr nahe kommt.

Aber ein bißchen Drum und Dran sollte schon sein: die Arbeit fern, kein Telefon, der oder die Liebste nah. Ich höre schon die Gegenrede von der knappen Zeit und dem Zuspätkommen zur Arbeit. Jemand hat mir sein Geheimnis verraten: Wer rechtzeitig ankommen will, muß nur ein wenig früher aufbrechen. Nicht viel, ein paar Minuten genügen schon, damit der Zug oder Bus auf uns wartet, daß keine Arbeit oder Sitzung ohne uns beginnt. Leisten Sie sich diesen aus der Mode gekommenen Luxus. Langsamkeit am Morgen, wohldosiert und wohlverstanden, vermittelt uns ein anderes Zeitbewußtsein und Sensibilität im Umgang mit den eigenen Kräften. Und Frühstückslust, ist sie nicht im Garten der Lüste eine der liebenswürdigsten und harmlosesten? Selbst unser deutscher Dichterfürst Johann Wolfgang von Goethe hatte eine ausgeprägte Vorliebe für das Frühstück. Morgens vertilgte er Gänsebraten, Forellen und Wein in Fülle, bevor er dann an seinen Schreibtisch ging und sich von den Musen küssen ließ. „Wohlsein und Stimmung" erfuhr er bei seinen morgendlichen Köstlichkeiten, vor allem, wenn er sich in Gesellschaft zum Frühstück begab. Und unser Reichsfürst Otto von Bismarck verdankte seine 120 Kilo auf der Waage sicher auch dem opulenten Frühstück, das aus Unmengen von kaltem Braten, Eierspeisen, Pasteten, geräuchertem Fisch, Kaviar und als Frühstücksgetränk Portwein oder Kognak-Mineralwasser bestand.

Leider entwickeln wir uns immer mehr zu situativen Einzelfrühstückern, und zwar nicht nur, weil die Zahl der Single-Haushalte und Eigenbrötler wächst, auch in Familien wird zunehmend allein gegessen. Kaum gelingt es noch, die unterschiedlichen Taktzeiten von Eltern und Kindern unter einen Kochdeckel zu bringen. Nacheinander zu frühstücken wird zur Regel, und damit verwischen sich die zeitlichen Zäsuren im Tagesablauf. Ohne die emotionale Bindekraft des gemeinsamen Essens verliert es seine Bedeutung. Was nützt das erlesenste Frühstück, wenn man allein am Tisch sitzt? Essen allein reicht also nicht aus. Es wird zur Qualität erst, wenn es mit dem Emotionalen eine Einheit bildet.

Vielleicht ist es an der Zeit, mal wieder jemanden zum Frühstück einzuladen? Wenn es ein langes Frühstück sein soll, dann eben am Sonntag morgen. Im Gegensatz zu endlosen Abendessen sind Frühstückseinladungen auch für Gäste geeignet, denen man nicht so nahe steht, weil das Frühstück einen kulinarisch und zeitlich eher begrenzten Charakter hat. Jeder hat

Verständnis, wenn man zur Arbeit, zu einem Termin, Zug oder Bus aufbrechen muß.

Ich kenne Hausfrauen, die einmal in der Woche ein gemeinsames Frühstück zelebrieren – jede bringt etwas für den Frühstückstisch mit, und nach einer Stunde geht jede wieder an die Arbeit, die nach solch einem gemeinsamen Frühstück viel leichter und beschwingter von der Hand geht.

Muß man noch eigens betonen, wie wichtig es ist, einfach nur Spaß an einem schönen Frühstück zu haben? Warum auf diese harmlosen kleinen Frühstückseskapaden verzichten, die nicht mehr sein wollen, als sie sind? Jeden Morgen sollten wir uns freuen, daß es ein Frühstück gibt. Das erhöht den Geschmack am Leben. Ist es nicht denkwürdig, daß das Wort „Geschmack" auf beides verweist – auf das Feingefühl des Gaumens und der Lebensart. Der Genuß ist größer nach getaner Arbeit, schrieb Montaigne. Ein Satz, der sich auch umkehren läßt: Die Arbeit fällt leichter, wenn vorher der Genuß kommt. Deswegen: Frühstückslust statt Morgenfrust!

Mahlzeit

Mahlzeit! In diesem schönen Wort steckt der Wunsch, daß zu einem guten, erfüllten Mahl auch Zeit gehört. Die Entfaltung des Geschmacks bedarf der Zeit. Das Werk eines Kochkünstlers kann man nur schmecken, wenn man es nicht hinunterschlingt. Für die Entfaltung des vollen Geschmacks müssen auch die hinteren Nerven der Zunge und der Mundhöhle tätig werden. Und das braucht seine Zeit. Genuß hat etwas mit Langsamkeit zu tun. Das gilt offenbar für alle leiblichen Genüsse, auch für den Tabak, den Wein und die Liebe. Die Genuß- und Nahrungsmittelindustrie weiß das und verführt uns mit Speisen, die schon an der Schwelle der Empfindungen Aroma und Fülle bewirken und zu schnellem Essen verleiten, das nur noch an den Lippen und der Zungenspitze berührt wird. Man muß nur noch schlucken, bleibt dabei aber unbefriedigt und verlangt nach Kompensation. Diese führt wiederum zu weiteren geminderten Genüssen. Eine zeitgenössische Erscheinungsform von Genußbeschleunigung und Genußverdichtung hat der amerikanische Soziologe Sidney W. Mintz skizziert, indem er einen Mann beschrieb, der auf dem Sofa sitzt, einen Joint raucht, Bier trinkt, Chips kaut, mit seiner Freundin schmust und dabei fernsieht. Fausts „Verweile doch, du bist so schön!" nimmt im Zeitalter der Beschleunigung karikaturhafte, bulimische Züge an, die auf eine tieferliegende Angst hindeuten: die Angst vor der fliehenden, verrinnenden Zeit. Und Zeit ist in unserer Überflußgesellschaft ein knappes Gut geworden. Genuß ist zwar erlaubt, aber bedarf der Rechtfertigung. Wer kennt nicht die moralische Stimme, die uns einflüstert: Hast du nichts Besseres zu tun? Darf es dir gut gehen, wenn es den anderen schlecht geht? Ein doppelter Angriff, dem wir heute ausgesetzt sind: von innen das puritanische Arbeitsethos und von außen das universelle Diktat der Beschleunigung. Der Schluß, den viele Menschen aus diesem moralischen Verhör ziehen, ist die Genußvermeidung, die Heimlichkeit oder eine Art kulinarischer „Quickie" nach dem Motto: Taste of Asia direkt aus der Kühltruhe in die Pfanne, drei Minuten rühren, fünf Minuten „gesund" essen, Ruhe.

Man kann zwar den Körper disziplinieren, sein Recht verlangt er doch: den Genuß, die Lust, die Sinne. Die Kultivierung der Sinne gehört zu uns wie die Fähigkeit zum Maß und zum Verzicht. Genußfähigkeit hieße demnach: die Kunst zwischen Zuviel und Zuwenig zu balancieren. Diese Lebenskunst ist lernbar. Was sie verlangt, ist Bewußtheit. Wer auf die eigene innere Stimme hört und Gefühle von Resonanz, Stimmigkeit oder Ablehnung beachtet, hat den bestmöglichen Kompaß im Dschungel unserer Ernährungslandschaften. Bewußtheit ist der magische Schlüssel, der es erlaubt, auf die eigenen Bedürfnisse zu horchen. Das läßt sich weder erzwingen noch von heute auf morgen erreichen. Aber der Weg ist das Ziel. Und das Wichtigste auf dem Weg ist das, was im indischen Tantra der Liebe als das Zentrum angesehen wird: die vollkommene Muße beim Essen und Trinken. Ein Beispiel dafür ist der Held in Edward Bulwer-Lyttons Roman „Pelham“, der immer ein besonderes Eßbesteck bei sich trägt. Wenn er irgendwo speist, kann er damit langsamer speisen, weil das Tempo mit normalem Besteck seine Genußfähigkeit mindern würde. Sein eigenwilliges Rezept war die Langsamkeit.

Wie aber können wir wieder lernen, daß der wahre Genuß die Zeit nicht nur wertvoll, sondern auch kostbar werden läßt? Genuß, wenn er zustande kommt, ist nicht etwas mechanisch Herbeiführbares. Genuß hat immer eine Geschichte, eine Spannungskurve, in welcher Vorbereitung, Vollzug, Erwartung und Erfüllung sorgfältig aufeinander aufbauen. Genuß hat etwas mit „Genossen“ im Gegensatz zum Eigenbrötler zu tun. Ich denke hier an die heute verbreitete Ungleichzeitigkeit, die die Menschen immer mehr vereinsamt, weil immer weniger miteinander, immer häufiger nacheinander gegessen wird. Wir vereinsamen immer mehr, weil wir so effizient und schnell sind. Damit Genuß und Gemeinsamkeit gelingt, bedarf es einer behutsamen Vorbereitung: dem Innehalten vor dem Essen. Früher, und in manchen Häusern noch heute, haben die Menschen vor dem Essen gebetet. Nicht nur um Dank zu sagen, sondern auch, um sich körperlich und seelisch auf das Essen vorzubereiten. Sich vor dem ersten Bissen für das Essen zu bedanken und innezuhalten, kann eine Hilfe zur Bewußtwerdung und Verlangsamung sein. In der Stille wird uns die Nahrung als Geschenk bewußt, und wir anerkennen sie. Die Atempause vor dem Essen kultiviert nicht nur die Aufmerksamkeit für den Beginn der Mahlzeit, sie stiftet auch Gemeinschaft und vermittelt uns ein Gespür dafür, daß Essen etwas Heiliges ist. Nach dem Vorbild meiner Großmutter habe ich mir zur Angewohnheit gemacht, mein selbstgebackenes Brot vor dem Essen zu segnen, nicht nur weil ich über dieses kleine Werk glücklich bin, sondern weil ich als Erbe der Nachkriegsgeneration immer noch spüre, daß wir Grund zur Dankbarkeit für unser Brot haben. Selbst bei meinen Gästen spüre ich, daß sie mehr geahnte als gewußte Schlüsse daraus ziehen.

Ein Essen, nach dem wir uns mit uns und der Welt im reinen fühlen, stärkt nicht nur den Leib, es ergreift auch die Seele. In diesem Zusammenhang sprechen wir gern über Leibspeisen, die einen Genuß andeuten sollen, der über die rein leibliche Empfindung auch auf die Seele wirkt und unsere Gefühle beeinflußt. Was wir besonders gern essen, hängt direkt mit unserem Wesen zusammen und sagt etwas über uns aus. Was steckt dahinter, wenn Sie nach mehr Süße in Ihrem Leben suchen? Was läßt Sie zur Schokolade greifen? Zu scharfen Gewürzen? Diätvorschriften und Durchhalteparolen nützen wenig, da es vor allem um psychische Bedürfnisse bei der Ernährung geht. Wenn in unserer Zeit Essen das bleiben soll, was es zu sein hat – nämlich Genuß – dann liegt der Schlüssel in der Sensibilisierung für unsere Bedürfnisse. Wenn wir das für uns stimmige Essen zu uns nehmen, wird unser ganzes Wesen in Schwingung gebracht. Stimmiges Essen ist vergleichbar mit Musik, denn es nährt alle unsere Sinne. Je größer die Resonanz mit der Speise, desto größer ist auch ihr wohltuender Effekt. Was und wie wir essen ist auch ein Spiegel dafür, wie wir mit unserem Leben umgehen.

Stellen Sie sich vor, Sie sind so mit sich selbst verbunden, daß Sie genau wissen, was Ihnen gut tut. Sie brauchen keine Bücher und keine Beratung. Sie horchen einfach nach innen. Können Sie wahrnehmen, was Ihr Körper gerade braucht?

Zu wissen, was der eigene Körper braucht, ist eine Kunst. Jeder Tag verlangt eine andere Ernährung, und die einzige Person, die das wirklich beurteilen kann, ist man selbst. Unsere Einzigartigkeit verlangt, mehr Achtsamkeit für und mehr Vertrauen in unseren Körper zu entwickeln. Indem wir die eigenen Bedürfnisse entdecken, werden wir zu kulinarischen Künstlern, die mit Speisen wie ein Maler mit seiner Farbpalette umgehen. Unsere Speisen werden zu schöpferischen Werken, die mit auserwählter Energie gefüllt sind.

Niemand hindert uns daran, auch das Kochen als Poesie oder Alchemie zu pflegen. Phantasie, Geduld und Experimentierlust gehören dazu. „Schlecht essen ist ein Mangel an Phantasie“, sagt Wolfram Siebeck. Im Kochen drückt sich unser Lebensgefühl aus, unsere persönliche Art des Umgangs mit den Dingen, eine Botschaft an uns selbst und an andere. Wenn wir etwas Liebevolles und Schmackhaftes hinzaubern, ist das nicht nur persönlicher Ausdruck, es ist immer auch ein Stück Kultur- und Friedensarbeit. Dazu fällt mir mein Lieblings-Sommeressen ein für Gäste im Freien, das ich gern teile. Wie wäre es mit:

Stockbrot mit Käse über einem Holzfeuer geräuchert. Für das Brot brauchen Sie einen Hefeteig, den Sie in gleich große Stücke teilen und Rollen daraus formen. Diese wickeln Sie spiralenförmig um Stöcke und backen Sie unter ständigem Drehen über der Glut (ca. 20 Minuten). Käseräuchern ist eine tolle Beschäftigung für größere Kinder: Verteilen Sie den Käse in mehrere Siebe. Werfen Sie ein paar Brennesseln oder andere frische Kräuter ins Feuer, und halten Sie das Sieb mit dem Käse etwa 10 Minuten über den schwelenden Rauch, damit er schön räuchern kann. Sie werden es schmecken: Solch ein einfaches Essen ist Zeit und Genuß im Reinzustand.

In alten Zeiten war der Herd das Zentrum des Hauses. Heute haben wir einiges an Zauber eingebüßt, die eine duftende Küche verheißt. Nicht nur wegen der vielen Fast-Food-Restaurants, auch durch die immer größere Konzentration auf das, was gesund sein soll, anstatt auf das, was schmeckt. Für den Wissenschaftler mag es interessant sein, welche Ingredienzen ein bestimmtes Nahrungsmittel beinhaltet, aber welchen Einfluß haben solche Informationen auf unseren Eßgenuß? Nahrung ist weit mehr als nur ein lebenserhaltendes Gemisch wichtiger Nährstoffe. Sie soll unsere Imagination anregen und unsere Seele wärmen. Weshalb gehen wir gern in Restaurants verschiedener ethnischer Prägung? Es ist ja nicht nur die Vielfalt der Geschmäcker und Zubereitungen, sondern auch ein Stück Leben und Kultur, die wir uns im indischen, französischen, italienischen oder türkischen Restaurant einverleiben. Speisen sind Träger kultureller Phantasie, die über unsere Sinne unmittelbar zu uns sprechen. Sie geben uns einen Geschmack des Lebens und das kurze Glück von Zeitlosigkeit.

Brotbacken

Wenn ich an Einfachheit denke, fällt mir spontan das Thema „Brotbacken“ ein. Es ist schwer, darüber zu reden, ohne sentimental zu werden. Man ist versucht, ins Hundertste zu gehen, bis man schließlich bei Getreide, Holzöfen, Buchenscheiten und Mutter Erde landet. Brotbacken kann wahre Begeisterung auslösen. Angefangen von der Küchenatmosphäre, die durch den Geruch frischen Brotes fast etwas Magisches oder Mystisches ausstrahlt, bis hin zu dem Gefühl der Verbundenheit mit dem Universum, das wir durch ein selbstgebackenes Brot in unsere Küche zaubern. Man könnte schwärmen von Menschen, die ihr Brot selbst backen, weil sie etwas von Seele an sich haben und manchmal sogar wahrhaft charismatische Individuen sind. Und manchmal ärgert man sich, weil man im Restaurant vor der Hauptspeise so viel Brot gegessen hat, daß man schon satt ist. Man weiß, wie undiszipliniert und schon gar nicht gourmetmäßig das ist, aber ofenwarmes Brot macht selbst Linienbewußte willenlos. Auch wenn Knäckebrot oder Vollkornbrot unentbehrlich sein sollen, nur heißhungrig und gierig machen sie nicht. Gestehen wir es uns ruhig ein, ofenwarmes, duftendes Weißbrot mit einem Schälchen gesalzener Butter erzeugt nun mal Appetit und größte Lust.

Brot ist nicht nur ein Nahrungsmittel unter anderen – es ist das Nahrungsmittel schlechthin. Hat man Brot, so hat man etwas zu essen. Ob es nun in der Bibel heißt „Im Schweiße deines Angesichts sollst du dein Brot essen" oder in der römischen Politik von „panem et circensis" („Brot und Spiele") die Rede war, stets war das Brot Inbegriff für Nahrung im weitesten Sinn. In vielen Kulturen ist das Brot in Verbindung mit Wein oder Salz auch heute noch ein Zeichen von Gastfreundschaft.

Überhaupt spielen Sprichwörter, die die Bedeutung des Brotes verdeutlichen, in sämtlichen Sprachen der Welt eine wesentliche Rolle. Da ist vom Brotkorb die Rede, der jenem höher gehängt wird, der „das Stücklein nicht ehrt". Man spricht von Brotneid und kennt den Spruch: „Wes Brot ich eß, des Lied ich sing", was sagen wollte: „Wer mir des Lebens Unterhalt bietet, den schänd ich nicht." Macht jemand in Frankreich auf geschickte Art Karriere, so heißt es von ihm: „Il sait manger son pain", „er weiß sein Brot zu essen." Stellt hingegen ein Berliner etwas weg, ob für immer oder nur vorübergehend, so begründet er sein Tun mit der Sentenz: „Det frißt keen Brot." In China ist Brot Anlaß zu Poesie: „Wenn du zwei Brote hast, verkaufe eins und kaufe eine Lilie." Von tiefer Weisheit zeugt das jüdische Sprichwort: „Liebe ist süß – schmeckt aber nur gut mit Brot."

Wir leben in einem Land, das auf seinen Brotreichtum stolz ist. Man kann sich zu jeder Mahlzeit die schönsten neuen und noch unbekannten Brotsorten besorgen. Aber: Selberbacken macht viel mehr Spaß! Probieren Sie es. Es kostet viel weniger Arbeit, als die Leute immer sagen. Nur eine halbe Stunde reine Arbeitszeit zum Mischen, Kneten und Formen braucht ein Brot, denn die meiste Arbeit leistet die Hefe und der Backofen. Während das Brot friedlich backt, kann man sogar genüßlich in der Badewanne sitzen.

Brotbacken ist eine uralte Kunst, die eine 6000 Jahre alte Geschichte hat. Ich glaube, daß sie uns wirklich in den Knochen steckt, denn sie scheint eine Kunst zu sein, an die wir uns eher erinnern als daß wir sie erlernen müßten. Schon kleine Kinder wissen darum, wenn sie mit Begeisterung kleine Brötchen aus Lehm oder Knetmasse formen. Selbst ungeübte Brotbäcker überwinden rasch ihre Hemmschwelle gegenüber diesem Klumpen Teig, den sie schon bald mit wahrer Hingabe kneten, als wäre eine geheimnisvolle Harmonie am Werk, die sie mit Generationen von Brotknetern verbindet. Brotbacken ist nicht nur ein sinnliches Erlebnis für den Brotbäcker. Es ist darüber hinaus eine wahre Oase der Ruhe und des Friedens, die wir in unserer hektischen Zeit ganz besonders brauchen. Der therapeutische Effekt kompensiert bei weitem den Aufwand, der in einem Brot steckt. Kinder führen uns das immer wieder eindrucksvoll vor Augen, wenn sie selbstvergessen ihre Spannungen mit ihren Fingern in den Spielteig drücken, quetschen, reiben, stoßen, ziehen und dabei ganz friedlich werden. Sollte uns Erwachsenen diese fundamentale heilende Aktivität nicht ebenfalls zustehen? Zumal das Brotbacken wie auch das Spinnen, Weben, Gärtnern und Tierehalten sämtliche Kriterien erfüllt, die für kreatives Handeln gelten. Ein kreatives Tun, das darüber hinaus noch nährt, erfreut und sogar unabhängig macht von Konsumangeboten. Ein Wandel, der sich auf unser Leben zwar subtil, aber tiefgreifend auswirkt.

Brotbacken als regelmäßiges Ritual verändert das Heim. Ist einmal ein regelmäßiges Backritual etabliert, so ist es nicht nur für einen selbst ein genußvolles Erlebnis, es wirkt sich auch auf die Mitmenschen anziehend aus, weil es noch einen Grund mehr liefert dabeizusein, zu schnuppern und zu kosten. Menschen jeden Alters fühlen sich angezogen von Orten, wo ehrliche und ernsthafte Arbeit, wie das beim Backen der Fall ist, geleistet wird. Besonders für Familien mit Kindern bietet das Brotbacken eine willkommene Möglichkeit, sich einer gemeinsamen Sache zu widmen, von der man anschließend sagen kann: „Das haben wir selbst gemacht." Das fördert das Gemeinschaftsgefühl und hinterläßt Spuren im Leibgedächtnis, die Kinder später als wertvolles Erbe begreifen lernen. Wie wäre es also mit einem Versuch, am Wochenende sich selbst einmal als Brotbäcker zu betätigen? Zum Einsteigen ein kinderleichtes Rezept für Knäckebrot, das ich in meinen Kindertherapien in meiner Praxis die Kinder selbst backen lasse:

Man nehme zwei Tassen Vollkornmehl, mische sie mit einer Tasse Wasser, zwei Eßlöffeln Öl, einem Teelöffel Salz und Gewürzen nach Belieben (z. B. Anis, Fenchel, Leinsamen). Man knete den Teig kräftig durch und forme ihn zu einer Kugel. Anschließend ein bißchen ruhen lassen und auf einem mit Backpapier belegten Backblech auswallen. Mit dem Rädchen Vierecke ausradeln, mit der Gabel gleichmäßig einstechen. Bei hoher Temperatur schnell backen (ca. 8 Minuten bei 250°). Anschließend trocknen lassen. Knäckebrot ist lange lagerfähig.

Selbstbacken garantiert nicht nur Reinheit und Naturbelassenheit der Zutaten. Es ist zudem eine gemütvolle Tätigkeit, die Vergangenheit und Zukunft verbindet. Jeder Haushalt hat Brotreste. Was man aus ihnen herstellen kann, ist aus unseren Küchen und Erinnerungen verschwunden. An alte Familientradition anknüpfend, erfand, mahlte, kochte und buk ich alles Mögliche und Unmögliche aus Brotresten: Kuchen, Spätzle, Klöße, Omeletten. Interessant war dabei die Erfahrung, daß Weißbrotreste nur beschränkt verwertbar sind, während Vollkornreste in jedem Zustand, also auch wenn sie alt und vertrocknet sind, für eine geschmackliche Bereicherung sorgen und für vielfältige Speisen zu gebrauchen sind, die durchaus nicht nach pflichtschuldigster Wiederverwertung schmecken müssen. Ein Schritt, um diese alte Tradition wiederzubeleben, wäre die eigene Herstellung von Paniermehl. Probieren Sie es, es ist ganz einfach:

Kleine, eventuell im Ofen knusprig getrocknete Brotbrocken im Mixer zerkleinern oder wie Haselnüsse reiben. Die Brösel werden in einem Glas mit Schraubdeckel trocken aufbewahrt und für Gratins und Füllungen gebraucht.

Mit der Tradition des Brotbackens ist Elend und Not der Menschheit eng verknüpft. Mißernten, Unwetter, Kriege stürzten Menschen immer wieder in Hungersnöte. Deswegen ist der Erntedank heute immer noch fest in der Tradition verwurzelt und wird je nach Region mit Erntekranz, Jahrmärkten, aber auch mit Ritualen gefeiert, die sowohl christlichen wie auch heidnischen Ursprungs sind. Leider drohen diese Rituale heute im Zeitalter der Technisierung in Vergessenheit zu geraten. Hie und da ist es aber immer noch Brauch, daß jeder Brotlaib vor dem Anschnitt ein Kreuzzeichen mit dem Messer auf der Unterseite bekommt. Mir bedeutet dieser Brauch viel, weil er mich mit meiner Familientradition verbindet und weil er daran erinnert, unsere Dankbarkeit immer wieder zum Ausdruck zu bringen.

Käse

Natürlich wissen wir alle, was Käse ist. Wir wissen, wie er schmeckt. Wenn wir in heiterer Freundesrunde beim Anblick und Duft einer schön assortierten Käseplatte am Tisch sitzen, dann empfinden wir, Käse ist nicht nur ein „aus Milch gewonnenes Eiweiß-Fett-Konzentrat", sondern eine Köstlichkeit, die sich nur mit Mühe in Worte fassen läßt. Man müßte Poet sein, um dem Geheimnis des Käses auf die Spur zu kommen. Es ist, als würden wir beim Genuß des Käses etwas von dem begreifen, was Kultur in ihrem ursprünglichen, chemischen Sinn ausmacht. Den Käse zählen wir zu den guten Gaben unserer Erde und zu den besten Früchten menschlichen Fleißes. Innerhalb dieses Schicksals stellt er aber ein Paradox dar. Immerhin ist er ja in Fäulnis begriffen, und dennoch wird er durch sein langsames Reifen und Verwesen immer feiner und nuancenreicher. Ist das nicht eine erstaunliche Analogie zu unserem Schicksal? Ein schönes Beispiel, wie die kleinen Dinge des Alltags auf größere Sinnzusammenhänge hindeuten. Es hat mich zu einem Käsegleichnis inspiriert, das ich Ihnen statt eines Käserezeptes gern mit auf den Weg gebe. Wie bei den anderen Käsemachern, die ich kenne, gehören nämlich meine Käserezepte zu meinen kleinen Geheimnissen.

Käsegleichnis

Am Anfang dieses Gleichnisses steht die Kuh. Sie liefert die Milch, aus dem der Käse gemacht wird. So war es schon immer, und so wird es immer bleiben – trotz aller Chemie. Wenn ein kleiner Käse zur Welt kommt, wird er zunächst aus dem Käsekessel gehoben und in leichte Tücher oder Windeln gewickelt. Er wird in eine Form gegeben oder in einen Reif gebunden, mit Gewichten beladen, damit er eine ansehnliche Form bekommt. Später wird er gesalzen. Das macht ihn haltbar, gibt ihm eine Rinde und die rechte Würze. Wochenlang muß er nun täglich gepflegt, gereinigt und immer wieder gesalzen werden, damit er eine gleichmäßige Rinde erhält und wohl gerät.

Wird ein kleiner Mensch geboren, so steht am Anfang die Mutter, die ihn mit Milch versorgt und in Windeln wickelt. Kaum entwöhnt von Mutter und Windeln, so wird er auch schon beladen. Er wird in den Reif des Kindergartens und der Schule gesteckt, geformt und gebildet. Wir nennen dieses Training Erziehung, die uns ans Leben anpassen und auf es vorbereiten soll. Es heißt ja, wenn der Mensch etwas gelten will, um auf dem großen Markt der Eitelkeiten zu bestehen, so muß er erst einmal lernen.

So wie der Käse des Einformens und Pressens bedarf, so bedarf auch der Mensch der Prüfungen und Belastungen, um eine rechte Art und Form anzunehmen. Auch er bedarf des Salzes der Nächstenliebe, das ihn zu rechtem Handeln und gutem Wirken und Tun bringen soll, sonst wäre das Leben einsam und langweilig, es würden der Sinn und die Würze der Verbundenheit fehlen.

Nun kann ein Käse aus vielerlei Gründen mißraten. Er kann zu weich oder bitter sein. Er kann gummiartig, bröckelig, fleckig oder schimmelig sein. Er kann sich ungebührlich aufblähen oder von innen her faulen. Gilt nicht Ähnliches auch für den Menschen? Es gibt Menschen, die verbittern und sich angesichts der Härte des Lebens verhärten. Menschen, die sich selbst nicht aushalten, die resignieren und sich selbst auslöschen. Menschen, die nicht greifbar, die ohne Gesicht und Konturen sind. Menschen, die sich aufplustern und aufblähen, weil sie innerlich hohl und leer sind.

Wie der Mensch, so durchläuft auch der Käse verschiedene Reifestadien, verschiedene Formen des „Ich bin". Jeder durchläuft sie auf seine Weise, und meist erhalten sie mit der Zeit einen tieferen Sinn. Im Herbst werden die Käse verkauft, sie werden gewogen, in Kisten verpackt. Auf jede Kiste wird geschrieben, wem die Käse gehören. Dann werden sie fortgeschickt, in die Berge und über das weite Weltmeer.

So geht es auch uns Menschen. Im Herbst, wenn sich die Reise unseres Lebens dem Ende zu neigt, da werden auch wir fortgeschafft und in Bretter geschlagen. Irgendwann stehen wir dann vor dem Richterstuhl Gottes und werden gewogen und gerichtet, bevor wir die weite Reise in das unendliche Meer der Ewigkeit antreten. Wir wissen um die Vergänglichkeit der Dinge, aber wir wissen auch, daß in diesem Kreislauf von Geburt und Tod alles wieder neu beginnt und wiedergeboren wird. Der Käse wird gegessen und vergeht. Für seine Freunde verwandelt er sich in Genuß und Köstlichkeit, und für seine Hersteller ist er Goldes, zumindest Geldes wert. Auch wir werden nicht vernichtet, sondern verwandelt. Unser verweslicher Körper wird vergehen, aber unsere unverwesliche Seele wird ewig leben.

Könnte man sich nicht die ganze Welt, wie sie chemisch regiert und reagiert, welche Verwandlungen sie fördert oder unterbindet, wie einen Käse mit Würmern darin vorstellen? Zumindest kann man viel über Gesellschaften erfahren, wenn man sich mit ihren chemischen Regulierungen beschäftigt statt nur mit ihren optischen und mechanischen. Man braucht nur in unser Nachbarland Frankreich zu schauen, mit welcher Offenheit sie für Fäulnis sind und sie sogar kultivieren. Dort löst der Schimmel keine intellektuell gnadenlosen Debatten aus, sondern wird in unzähligen Varianten angeboten, von denen nur ein Bruchteil hier in Deutschland erlaubt ist. „Käse hält aufrecht", behaupten sie, während wir abfällig „alles Käse" nennen, womit wir nicht einverstanden sind.

Gerade in unserer Zeit, in der als gut gilt, was rasch geht, ist der Käse ein Symbol der Langsamkeit. Er sträubt sich gegen die herrschende Beschleunigungsdrift, weil er uns einen Schlüssel zur Zeit aushändigt. Er ist im doppelten Sinn ein Genuß, weil er Produkt eines sensiblen Umgangs mit der Zeit ist und auch zum Genießen seine Zeit braucht. Daher sollte man Käse stets langsam und mit Bedacht essen. Das Zusammenwirken von Geschmack und Geruch, was ja eines der Geheimnisse dieses Produkts ist, entfaltet sich nicht im hastigen Verzehr. Der Käse muß die Zunge so reizen, daß die einzelnen Geschmacksrichtungen sinnlich wahrgenommen werden, und damit der Geruch, der nicht nur von außen in die Nase steigt, sich auch im Mund voll entfalten kann. Der Käse ist der Lehrer der Zunge. Gute Käse sind, wie gute Weine, das Produkt von Erde, Flora und Klima einer Region. Im Käse ist der Geruch und der Geschmack einer Landschaft kostbar eingefangen. Und das Wichtigste: Der Käse lebt. Er entwickelt sich, wird reif, dann alt und schließlich trocken. Käseliebhaber können sich jeden Tag darüber freuen, wie unterschiedlich sich Käse aus ein und derselben Milch entwickeln. Für die handwerklich hergestellten Käse gilt: Jeder Käse ist eine Persönlichkeit. Käsemeister schmecken sogar, welcher Käse von welcher Herde stammt. Sie können die Produzenten unterscheiden und wissen auch, wessen Herde mit dem ersten Gras im Frühjahr gefüttert wurde oder welcher Käse von Tieren stammt, die nach der ersten Ernte Heu gegessen haben – eine

Zeit, in der das Gras mehr Stickstoff und Salze enthält und daher die beste Milch ergibt.

Dabei waren es Zufälle, die den Käse zu dem machten, was er heute ist: zu einem der ältesten und am weitesten verbreiteten Nahrungsmittel der Welt. Jedenfalls gibt es verschiedene Spekulationen über die Entstehung des Käses. Vielleicht haben Jäger im Labmagen eines erlegten Kalbes, das noch kurz zuvor Muttermilch gesaugt hatte, ein weißes Laibchen gefunden: ein kleiner Labquark, der im Kälbermagen aus der Milch fermentiert wurde. Vielleicht hat aber auch die Beobachtung zur Erfindung des Käses beigetragen, daß die in Tontöpfen aufbewahrte Milch neben dem warmen Höhlenfeuer erst sauer, dann dick wurde. Eine weitere Möglichkeit ist die These der „Milch auf Reisen“: Früher wurde die Milch oft in getrockneten Schafsmägen aufbewahrt, die noch Reste des Labferments enthielten. Man ging auf Reisen, die Milch wurde durchgeschüttelt, von der Sonne erwärmt, das Lab begann zu arbeiten und Stunden später wurde der Labkäse entdeckt. Wer Göttersagen traut, findet dort den Bauerngott Aristäus als Erfinder des Käses. Sogar Zeus soll von seiner Mutter mit Milch und Käse ernährt worden sein. Und in der Bibel finden sich sage und schreibe 443 Erwähnungen des Käses.

Warum soviel Aufhebens um Käse? Für Bernard Antony, einen Käsemeister aus dem Elsaß, verdient der Käse als Delikatesse und Nahrungsmittel weit mehr Aufmerksamkeit, als ihm dies als „Deckel“ auf einen bereits gefüllten Magen zukommt. Im Käse steckt ein Stück Kultur und Magie. Ein Grund dafür, daß heutzutage sich vermehrt wieder Menschen auf diese alte Kunst des eigenen Käsemachens besinnen. Denn eigentlich ist Käse eine ganz einfache Sache, die man ohne weiteres selbst herstellen kann. Man braucht nur Milch, ein paar Enzyme, ein Fläschchen mit freundlichen Bakterien und einen kühlen Lagerraum. Aber Käse braucht auch Zeit, von wenigen Wochen bis zu Jahren, um zur Perfektion zu reifen. Liebevolle Kleinarbeit beim Waschen, Wenden und Salzen sind nötig, denn Käse sind wie Kinder, man muß sich jeden Tag um sie kümmern. Der Käse holt etwas zurück von der Großzügigkeit der Natur und von der Einsicht „Gut' Ding hat Weile".

Es gibt kaum ein Nahrungsmittel, das uns so freundschaftlich gesinnt ist wie der Käse. Erstens versteht er sich ausgezeichnet mit unseren anderen Freunden, dem Brot und dem Wein. Außerdem lügt er nie, er schmeckt so, wie er aussieht. Man kann frei wählen, will man wenig essen, so schneidet man nur ein kleines Stückchen ab und bewahrt den Rest auf. Man kann ihn jederzeit hervorholen und überallhin mitnehmen. Und schließlich ist er gut ... die Güte selbst. Wie sagt ein Schweizer Slogan? „Für heikli Gescht isch Chääs halt gäng no's Bescht!" (Für heikle Gäste ist Käse immer noch das Beste!)

Wein

„Wer nur Wasser trinkt, hat etwas zu verbergen." Baudelaire, von dem dieser Ausspruch stammt, Goethe und viele andere haben deshalb zum Weinglas gegriffen, weil im Genuß von Wein Zeiterfahrungen im wahrsten Sinne des Wortes kostbar werden, die dem Nüchternen entgehen. Schon im Volksmund ist die Wahrheit dem Wein zugeschrieben – übrigens eine Wahrheit aus dem sechsten vorchristlichen Jahrhundert, die mit den Worten „Wein, mein Kind, ist auch Wahrheit" dem Sänger Alkaios zugeschrieben wird. Frei nach dieser Volksweisheit lobt der Gießener Ernährungswissenschaftler Konrad Mengel die Vorzüge kultivierten Weingenusses, der vor allem für Senioren ein echtes Lebenselixier sein kann. Seit einiger

Zeit häufen sich die Nachrichten über die gesundheitsfördernde Kraft des Weines. Wein soll Krebs und Herzinfarkt verhindern, Depressionen, aber das versteht sich von selbst, er soll die Verdauung fördern, Schwerhörigkeit, geistiger Schwäche und der Alzheimer-Krankheit vorbeugen und sogar gegen Rinderwahn helfen, aber er kann, und das sei nicht verschwiegen, denen, die im Trinken Vergessen suchen, im wahrsten Sinne des Wortes mehr bescheren als erwartet. Alkohol soll nämlich Wissen vernichten, aber dafür leben laut einer Untersuchung dänischer Mediziner Weintrinker länger als Abstinenzler. Wie dem auch sei, ich gehöre zu denjenigen, die die segensreiche Wirkung des Weines mit Genugtuung zur Kenntnis nehmen und die Kunde davon willfährig verbreiten. Welcher Wein im Einzelfall hilft, habe ich vergessen, deswegen trinke ich sowohl weißen als auch roten.

Menschen, denen die Segnungen des Weines fehlen, und Wissenschaftler, die Beweise benötigen, sollten zumindest neugierig werden, wenn es um historische Sachverhalte geht, die in den kostbaren Tropfen eingefangen sind. Jeder Wein kann eine Geschichte über Klima, Erdbeschaffenheit und Zeit erzählen – die Zeit von Sonnenschein und Regen, die Zeit der Reife, die Zeit der Lese, die Zeit der Lagerung. Im Wein ist Lebenszeit eingefangen. Die Weintrinker sagen, „der Wein hat Körper“, den man nur genießen kann, wenn man sich Zeit nimmt. Im Wein wird Zeit direkt schmeckbar und damit kostbar. Der erste Schluck ähnelt dem ersten Kuß, man braucht Zeit, um sich den Geschmack auf der Zunge zergehen zu lassen, und man braucht Geduld und Erfahrung, um ein Kenner zu werden.

Im Wort „Schänke“ oder „Schenke“ klingt noch nach, daß der Wein ursprünglich als Geschenk des Himmels betrachtet wurde. Daß die Liebe zur Schöpfung durch die Sinne gehen kann, davon berichtet auch Nikolaus von Kues, der in einer seiner Predigten sagte: „Gott wird irgendwie wie Wein erkannt: durch Hören, durch Sehen und durch Schmecken." Alle Sinne werden im „Verkosten" (wie es die Winzer nennen) des Weines angesprochen, nicht nur der Gaumen, auch die Augen und die Ohren. Das Schönste, was er uns vermittelt: nur gute, liebevolle Menschen sind zum vollen Auskosten des Weines fähig. Vielleicht tranken die Mönche deshalb täglich Wein. In der alten Welt war der Wein das Getränk schlechthin, er war Stärkungsmittel, Heilmittel, Desinfektionsmittel und Trägersubstanz zur Herstellung von Kräuterweinen. Die Anspielungen in der Bibel und die Lobeshymnen der Literaten würden selbst ohne Wein wonnetrunken machen. Die zum Wein geäußerte Wahrheit verrät zumindest eines: Wein löst die Zunge, die menschlichen Kontrollen, Schranken und die Gefäße. Wein versöhnt mit den Mühsalen, Häßlichkeiten und Entbehrungen des Tages. Entspannung und Friede kehrt ein, die Seele bekommt Flügel, und die Zeit bleibt stehen. Im Wein wird die Zeit zu unserem Freund und Geschenk. Ein Geschenk der Natur, die unsere Liebe und Ehrfurcht verdient.

Wein gehört zu den wenigen Genußmitteln, die Zeit brauchen und mit dem Alter besser werden – oder zumindest besser werden können. Zeit und Geduld braucht der Weinkenner, zuweilen machen erst Jahrzehnte aus einem guten Tropfen ein edles und kostbares Getränk. Was haben wir heute zu verzeichnen? Schnelle Weine und schnelle Menschen, wie Karlheinz Geißler süffisant konstatiert, die nach neuestem Modetrend stehend mit dem Handy am Ohr rasch einen Prosecco hinunterspülen. Statt Ritual und Genuß – die süffige Lehre vom Hier und Jetzt, von Beschleunigung und Effizienz.

Schon Paracelsus wußte „… allein die Dosis macht, daß ein Ding kein Gift ist". Niemandem soll verwehrt werden, den Wein vorwiegend als Arznei anzusehen, deren Wirkung ja allesamt nur in der richtigen Dosis besteht. Aber es gibt eben noch ein sinnlicheres Motiv für den Weingenuß als „sanitas“, und der heißt „felicitas“. Deswegen gilt auch beim Weingenuß: Nicht die Masse, sondern die Muße zählt. Wer leben will wie ein Gott, darf nicht schnell trinken, der muß seine Göttlichkeit dadurch beweisen, daß er sich die Zeit des Genusses nimmt. Nur der langsame, zärtliche Genuß läßt etwas von dem erahnen, wonach wir uns alle sehnen: ein Stückchen Paradies.

Wenn Sie mit frischen Sinnen und bestem Gewissen ein Glas Wein genießen wollen, dann versuchen Sie dies:

Verzichten Sie hin und wieder für eine Zeitlang auf Ihr geliebtes Glas Wein. Zelebrieren Sie es danach zu einem von Ihnen festgelegten Zeitpunkt ganz bewußt – am besten mit einem vertrauten Menschen, der die Freude mit Ihnen teilt. Sie werden merken, daß sich Ihren frischen Sinnen ein wahres Stückchen Paradies bietet, in dem man am liebsten baden würde.

Mein erstes Glas Wein in meinem Leben hat mir mein Vater selbst eingeschenkt. Mit Dankbarkeit möchte ich diese Anregung an Eltern weitergeben, weil dieser kleine Initiationsritus ein bedeutungsvoller Schritt zum Umgang mit Genuß und Zeit sein kann. Vom ersten Glas aus der Hand der Eltern kommt symbolische Wirkung, die uns später begreifen läßt: Wein ist ein Geschenk der Götter.

Kräuter

Was bei uns an Kräutern und Gemüsen auf den Tisch kommt, ist meist ziemlich kultiviert. Dabei hat das heute so beliebte Grünzeug wilde Vorfahren. Und außerdem auch lebende Geschwister und Verwandte, die sich nicht in Gartenbeeten, Feldern und Plantagen halten lassen. Anders als Knoblauch und Catalonia haben sich Brennessel, Bärlauch, Löwenzahn, Sauerampfer erfolgreich gewehrt, in Reih' und Glied gestellt zu werden. Diese grünen Wilden beziehungsweise wilden Grünen können mehr als unseren Küchenzettel bereichern: Sie können uns aufregende neue Geschmackserlebnisse vermitteln. Vielleicht erleben die wilden Grünen deswegen heute wieder eine Renaissance, weil die Sehnsucht nach Naturgewachsenem doch stärker ist als der ewig zivilisierte Geschmack von Kulturgezogenem. Blicken wir etwas zurück in der Geschichte, so waren Wildpflanzen zu Zeiten, in denen Hungersnöte herrschten, oft die einzige Nahrung. Den Menschen, die im Hungerjahr 1817/1818 die Wiesen und Waldränder nach wildem Gemüse absuchten und, wie es in einer alten Chronik steht, „sie wie die Kühe abweideten“, waren der Vitamin- und Mineralstoffgehalt der Kräuter sicher nicht bewußt, aber immerhin stillten sie mit Wildpflanzen den gröbsten Hunger. Heute, nach einer Pause des Vergessens, besinnt man sich wieder auf die anregende und heilsame Wirkung der Wildpflanzen. Zwar nicht als Überlebensnahrung, aber als farblich kontrastierende Beigabe, als Würz- und Heilmittel.

Der Geschmack und der Geruch der beliebten Wildpflanzen sind so facettenreich, daß sich unseren Sinnen ein wahres Feuerwerk an Genüssen bietet. Die verschiedenen Düfte entführen uns an die verschiedensten Orte: Bachläufe, wo der würzige Bärlauch wächst, Wiesen, auf denen die Brennesseln gedeihen, Wegränder mit Gänseblümchen und Felder mit schmackhaften Wildblumen. Wie viele unserer Erinnerungen sind mit Düften verbunden! Wie oft wünscht man sich, sie einzufangen oder wie einen Geist aus der Flasche zu befreien, um die eigene Küche in einen Kräutergarten zu verwandeln. Der Maler Henri de Toulouse-Lautrec sagte über die wilden

Grünen: „Frisch gepflückt, haben die Pflanzen einen so unvergleichlichen Geschmack, daß die aufgetragenen Gerichte gleichsam zu singen beginnen." In der Tat, Kräuter bringen Poesie in die Küche und schmücken nicht nur jedes Gericht, sie erhöhen den Geschmack selbst des einfachsten Gerichtes. Man denke nur an Kartoffeln, die durch etwas frisch gehackte Petersilie plötzlich Geschmack und Leben bekommen. Kräuter würzen nicht nur, sie regen auch den Appetit an. Darüber hinaus enthalten sie Glykoside, die den Stoffwechsel und die Verdauung anregen. Ein Kräuterbuch des 16. Jahrhunderts, „The Herbal or General History of Plants", katalogisierte über tausend Pflanzen für die Küche und den Arzneischrank. Heute greifen wir zu Pillen und Salben und haben vergessen, wie Löwenzahn, Veilchen, Schlüsselblumen, Beifuß, Pimpernell, Borretsch oder Tripmadam schmecken. Schön wäre es, man könnte etwas von der Kunst der Köstlichkeiten mit dem Grünzeug hinüberretten. Unsere Großmütter beherrschten noch diese Kunst, mit einfachen Tricks Gesundheit und Genuß zu verbinden. Ist es nicht etwas Heimeliges – ein Kräutertee aus dem eigenen Gewürzgärtlein? Oder eine Grippe mit selbst gezogenen Kräutern hinwegzuzaubern? Nicht ohne Grund spricht Maria Treben vom Kräutergarten als der Apotheke Gottes. Es gibt wohl kaum einen Ort, an dem das wechselseitige Geben und Nehmen zwischen Natur und Mensch derart lustvoll und heilbringend Gestalt annimmt. Diese duftenden Kostbarkeiten haben etwas Faszinierendes, jede Pflanze ist eine eigene Duft- und Würzpersönlichkeit. Man möchte sagen, jede hat ihre eigene Seele. Und je nach Standort, wo sie gedeihen, schmecken sie sehr unterschiedlich. Deswegen sind Mengenangaben in Rezepten auch so schwierig. Auch die Kunst des Mischens von Kräutern will gelernt sein. Es gibt nun mal Kräuter, die sich gegenseitig „beißen". Und umgekehrt: Es gibt Kräuter, die geradezu eine magische Verbindung eingehen. Die berühmte Frankfurter Sauce schwört auf die Zahl sieben. Unser Geheimrat Goethe war nach dieser Frankfurter Spezialität so süchtig, daß er sie sich sogar per Postkutsche nach Weimar schicken ließ.

Auch die Kunst des Kräutersammelns will gelernt sein. Falls Sie nicht sicher im einwandfreien Erkennen der Pflanze sind, so lohnt es sich, ein Pflanzenbestimmungsbuch mitzunehmen. Wichtig ist auch die Sammelzeit. Blätter, Triebe und Blüten sollte man in den Vormittagsstunden nach Abtrocknen des Morgentaus sammeln. Manche schwören auf das Sammeln bei zunehmendem Mond, weil in dieser Zeit die ätherischen Öle am intensivsten wirken. Am besten ist es, möglichst junge Pflanzen zu ernten, weil die älteren oft bitter schmecken. Wenn Sie an einem Standort fündig geworden sind, lassen Sie immer etwas stehen für die nächsten, die sich genauso wie Sie darüber freuen, daß unsere Natur so großzügig ist.

Die große Vielfalt von Kräutern wiederzuentdecken, kann eine modische Renaissance, aber auch mehr sein: ein Weg, uns die geplagte Natur wieder etwas näherzubringen. Ein Weg, der unser Bewußtsein dafür schärft, mit welch wilder Schönheit, Energie, Kraft und Vielfarbigkeit wir oft in unserer unmittelbaren Umgebung beschenkt sind. Das Sammeln von Kräutern schärft nicht nur unsere Augen für den Reichtum an diesen vitalen Kleinstwesen, die unseren Boden würzen. Und wenn wir uns beim Pflücken bücken müssen, so können wir diese Unbequemlichkeit als eine ehrfürchtige Verbeugung vor der Natur betrachten – als eine kleine Geste der Wertschätzung.

Wie wäre es mit einem kleinen Kräutergarten? Überlegen Sie, welche Kräuter Sie mögen, und suchen Sie sich einen Platz für Ihre Setzlinge, das kann vor dem Küchenfenster, dem Balkon oder im Garten sein. Küchenkräuter gedeihen besser in großen Töpfen. Falls Sie kleine Töpfe kaufen, sollten Sie die Setzlinge in größere Töpfe umsetzen.

Wenn Sie sich beflügelt fühlen, mehr Grünes in Ihre Küche zu zaubern, wie wäre es mit eingelegtem Bärlauch? Es muß ja nicht gleich „Gänseblümchensuppe“, „Tannenzapfen-Parfait“ oder „Rotklee-Salat“ sein. Der Kräuterpfarrer Johann Künzle schreibt euphorisch: „Der Bärlauch ist eine der stärksten und gewaltigsten Medizinen in des Herrgotts Apotheke ... Wohl kein Kraut der Erde ist so wirksam zur Reinigung von Magen, Gedärmen und Blut wie der Bärlauch.“ Warum nicht gleich mit dem gesündesten Genuß beginnen?

Bärlauch-Pesto ist ein idealer Knoblauchersatz – praktisch und ohne unangenehme Ausdünstung. Sie brauchen nur: frischen Bärlauch fein zu hacken, mit Sonnenblumenöl zu vermischen und etwas Salz hinzuzufügen. In ein Glas abfüllen. Fertig ist die grüne Delikatesse, die Sie zu Spaghetti, Gnocchi, unter Salate, in Quark- oder Joghurtsaucen verwenden können.

Süßspeisen

Kinder mögen Süßes. Wie haben sie es doch gut! Und wie gut hatten wir es, als wir Kinder waren. Als wir der Mutter oder Großmutter mit nichts eine größere Freude machen konnten, als ein zweites oder drittes Stück vom „Kalten Hund“ zu nehmen. Oder von den köstlichen Schokoladenrollen mit viel Schlagrahm. Als wir uns noch freuen konnten über Götterspeisen, Wackelpeter und Reispudding. Damals kannten wir weder den Begriff „Infarkt-Torte“ noch den nachdenklichen Blick auf unsere „love handles“, auf deutsch „Liebes-Griffbügel". Besonders wir Frauen sind da kritischer, von Männern heißt es ja eher, sie reifen wie Wein und würden veredelt, während wir Frauen aufweichen und verblühen. Wie gut hatten es doch unsere Vorfahren, die, wenn die Tage kürzer wurden, immer neue süße, nahrhafte Dinge erfinden durften, um sich ordentlich Winterspeck anzufuttern. Diese Köstlichkeiten aus Dörrbirnen, Nüssen, Honig, Rosinen, Zimt, Nelken, Datteln, Mandeln, Rum, Kakao und Zitronat, die so nahrhaft und wohlschmeckend sind und reichlich entschädigten für die langen Abende hinter dem Ofen. Wenn wir heute süß hören, so denken wir an Kalorien, Zahnhälse, Karies, Cholesterin und Sodbrennen, und bei vielen ist Süßes absolut tabu und vom Speiseplan gestrichen. Denn was heute in erster Linie zählt, ist die Linie.

Empfänglich für Süßes bleiben aber nicht nur kleine Kinder. Auch die Erwachsenen erhalten gern süße Huldigungen und Anspielungen auf ihre verführerische Süße in Form von Pralinen und Konfekt. Auch wenn bei manchen die Angst da ist, als „süß" zu gelten im Umfeld von Fitneß und Magerjoghurt, so sind wir doch alle mehr oder weniger verführbar oder gar „vernaschbar" durch süße Komplimente. Schmausen und Schmusen liegen ja auch sprachlich dicht beieinander, und die Vorliebe zum Süßen verrät diese Sehnsucht, die vor allem dann in den Vordergrund rückt, wenn bittere oder herbere Zeiten im Leben durchzustehen sind.

Schon Wilhelm Busch äußerte sich zu unseren süßen, kleinen Lastern: „Was man besonders gerne tut, ist selten ganz besonders gut." Süßspeisen sind bis heute das Überflüssige, Unnütze, Zusätzliche, das nur dazu da ist, den Gaumen zu entzücken und zu verwöhnen. Aber gerade deshalb sind sie so köstlich, weil der Körper sie eigentlich nicht braucht. Wir essen nicht nur für den Körper, unsere Seele braucht auch das Besondere, die Zeit und die Gelegenheit, in der man nicht auf das Notwendige schaut. Süßspeisen sind Geschenke für die Seele, die uns erlauben, gut und großzügig mit uns und mit anderen umzugehen. Sie sind das Geschenk eines Augenblickes, in dem man nicht auf das Nützliche, Magenfüllende, Sättigende schaut. Gerade deswegen sind sie unentbehrlich, vor allem für diejenigen, die nicht gelernt haben, sich selbst zu beschenken und zu verwöhnen. Niemand kann uns wirklich hindern, unsere süßen Träume wahr zu machen. Verwöhnen Sie sich, statt zu warten, daß es andere für Sie tun. Vergessen Sie hin und wieder Ihre Gegenargumente, daß es ungesund sei, dick mache oder unnötig sei. Haben wir nicht alle Anspruch auf ein bißchen Versüßung unseres Lebens? Ein gutes Dessert kann manchmal Wunder wirken, zumal für den, der es zu genießen weiß.

Im Ernst: Sollen wir wirklich ein schlechtes Gewissen haben wegen der Linzertorte, der Eier und der Sahne in der russischen Crème? Wir essen so etwas doch nicht jeden Tag. Vergeht einem da nicht das Lächeln, wenn man nur noch künstliche Süßstoffe vorgesetzt bekommt? Wäre es nicht traurig, wenn wir als Epoche in die Geschichte eingingen, die nur noch Kinderschokolade und keine Schwarzwälder Kirschtorten mehr kennt? Ist es nicht gut zu wissen, daß es noch Bäckereien und Konditoreien gibt, wo sonntags, wenn man keine Zeit zum Backen hatte, diese herrlichen Tortenträume angeboten werden? Wo diese Träume überhaupt noch Wirklichkeit werden? Natürlich kann man sein Leben mit Wassereis und Sorbet krönen, aber ist das nicht ein magerer Dessertgenuß? Es muß doch noch mehr geben.

Wenn Sie wieder einmal an einem Schlemmertempel mit reicher Dessert-Auswahl vorbeikommen, übergehen Sie mit einem Lächeln Ihre Hemmschwelle, und gönnen Sie sich ein saftiges, süßes Etwas, und essen Sie es mit konzentriertester Aufmerk-

samkeit und tiefster Dankbarkeit. Solch ein Genuß ist mindestens ebenso heilsam und heilig wie eine Meditation.

Dazu ein jüdischer Weiser: „Du wirst Rechenschaft ablegen müssen für jede Freude, die du dir hast entgehen lassen!"

Im Café

Wann und wo ich auf Reisen bin, suche ich als erstes immer ein Café auf. Vielleicht hängt das mit frühen Geschmackserlebnissen zusammen, aber für mich ist die Atmosphäre eines Landes am besten eingefangen in dieser Köstlichkeit, die so „schwarz wie der Teufel, heiß wie die Hölle, rein wie ein Engel und süß wie die Liebe" ist – und all das in einer kleinen Tasse. Jedenfalls meine ich, daß kein Tag so furchtbar ist, als daß er nicht durch einen Cafébesuch verschönt werden könnte. Denn wo kann man besser den Lärm der Welt vergessen als im Café? Welcher Duft streichelt unser Riechorgan angenehmer als eine Tasse frischen Kaffees? Allerdings braucht man etwas Zeit und Muße. Am interessantesten ist es, wenn man einen der Tische in der Nähe des Fensters erwischt, wo man seine Schaulust ungehemmt ausleben kann. Sehen, ohne gesehen zu werden, und dabei noch eine Szenerie auf der Straße geboten bekommen, die oft die Wirkung einer unterhaltsamen Theatervorstellung hat. Und das alles zum bescheidenen Preis einer Tasse Kaffee. Deswegen meine Anregung:

Verbringen Sie einen freien Morgen im Café. Ihre Sicht der Welt könnte sich daraufhin ändern.

Schon Einstein hat seine Geisteskraft im Café gestärkt. Simone de Beauvoir und Sartre haben es zu besseren Ablegern der

Universitäten und zur Arena ihrer philosophischen Diskurse gemacht. Kokoschka, Strauß, Lehár, Bruckner, Trotzki, Brecht und Hofmannsthal saßen hier nebst unzähligen anderen, die das Café zum Ort ihrer geselligen Einsamkeit, zur produktiven Oase, zum Asyl und zur Bühne gemacht haben. Sind mit Kriegsende ein Großteil wohlklingender Namen verlorengegangen, so erleben wir in den letzten beiden Jahrzehnten eine Revitalisierung des Cafés. Das Café ist wieder da. Aber es hat sein Gesicht verändert. In Frankreich sprießen philosophische Cafés wie Pilze aus der Erde. Die französisch sprechende Schweiz ist bereits infiziert, und sogar nach Japan ist die Botschaft durchgedrungen: Die Philosophie ist von ihrem Elfenbeinturm heruntergestiegen. Sie trifft in Cafés wieder auf Menschen, die wahrlich nicht dem blutarmen Prototypen des Philosophen entsprechen. Bunt gemischt durch alle Alters- und Bevölkerungsschichten gehend finden sich regelmäßig Sonntag morgens die Anhänger zum philosophischen Stelldichein. Philosophie im Dialog – das Café als Agora unserer Zeit?

Tatsächlich drückt sich in der neuen Nachfrage nach philosophischen Cafés eine neue Philosophie der Zwischenmenschlichkeit aus. Atmosphäre und Kommunikation sind Werte, die nach einer Überwindung in einer technokratisch entfremdeten Welt suchen. Statt Gleichgültigkeit und Herzlosigkeit schafft sich das Bedürfnis, miteinander zu sprechen und einander zuzuhören, neue Inseln des Miteinander. Letztlich ist es die Suche nach Sinn, die die Menschen in die Cafés zieht. Dort geht es in der Regel nicht um die hohe Kunst der Logik oder Metaphysik, sondern um Fragen der Ethik und der Moral, um die Suche nach Wegen, Werten und Orientierungen in einer unüberschaubar gewordenen Welt. Also nicht um die Verehrung von Gurus, Meisterdenkern oder spektakulären Erneuerungen. Anwendungsfreundliche Philosophie, die daran erinnern soll, daß unser Leben wieder in Fluß und Ordnung kommen kann, wenn wir als Individuen abrüsten von getarnten oder offen zerstörerischen Aktivitäten und wieder ins Seinlassen zurückkehren. Wenn wir, wie Marc Sautet es ausdrückt, vom „Ich zum Wir übergehen". Wenn wir die Chance nicht vereinnahmender Zwischenmenschlichkeit wieder üben.

Nicht nur das philosophische Café, auch das normale Kaffeehaus ist ein Ort der Zwischenmenschlichkeit bedeutender Art für unsere Zeit, weil es dem entgegenwirkt, was Sennett als die „Tyrannei der Intimität" identifizierte. Das Gemeinschafterleben im Café zeichnet sich dadurch aus, daß es keine intimen Gruppen zusammenbringt, sondern es geht um öffentliche Gemeinschaft zwischen einander fremden Menschen. Man braucht sich nicht in die Lebensschicksale anderer einzumischen oder hineinzuversetzen, und dennoch gibt jeder dem anderen eine diskrete, wenig spektakuläre soziale Bestätigung. Man ist umgeben vom Leben, selbst wenn man Distanz hält. Man kann allein sein und dazu Gesellschaft haben.

Probieren Sie es einmal aus. Setzen Sie sich in ein Straßencafé, das Sie mögen. Gestatten Sie sich, einfach Zeit zu vertrödeln. Schauen Sie nicht auf die Uhr, sondern tagträumen Sie, lesen Sie die Zeitungen und beobachten Sie das Kommen und Gehen der Leute. Wie wirkt sich dies auf Ihre Stimmung aus?

Jede Stadt erhält durch den Besuch eines Cafés etwas von Vertrautheit. Man ist zwar umgeben vom Leben, aber dennoch abgeschirmt und abgeschieden von der Hektik greller Töne und sich überbietender Schreihälse. Das Café ist eine Oase der Bequemlichkeit, die das Passive mit dem Individuellen verbindet, die keine lauten Töne kennt, kein hartes Licht, keine laute Musik, kein lautes Reden und staccatohaftes Lachen oder derbe Witze – eine heilende Gesamtatmosphäre für die angekratzte Psyche. Gedämpfte Töne und Farben, bequeme Polster und schlichtes Design, Mozart statt Wagner schirmen von der rauhen Wirklichkeit ab und lassen den Tag in seinen engen Grenzen aufleben. Eine Pufferzone angesichts der harten Kanten der Realität, die als Überlebensnische und Tankstelle, für manche als verlängertes Büro oder produktive Arbeitsstätte für kreative Ideen dient. Der tägliche Gang ins Café, um in weltlicher Abgeschiedenheit ungestört arbeiten oder lesen zu können, hat sich bis heute gehalten. In den Großstädten ist es nichts Ungewöhnliches, wenn Menschen als Ort, wo sie mit Sicherheit zu erreichen sind, ihr Stammcafé nennen. Für die meisten aber ist das Café der einzige Raum am Tag, wo sie ohne Ablenkung und Hindernisse sich selbst gehören und ein Stückchen Einssein mit der Welt erleben. Der Mensch bleibt Mensch, wo es um Kaffee geht.

Feste

Was wäre das Leben ohne Feste? Feste begleiten gewissermaßen unseren Alltag. Der jährlich wiederkehrende Geburtstag, der Namenstag, der Hochzeitstag, Weihnachten, Ostern, der Jahreswechsel, eine endlose Liste vorgegebener Festtage prägt unseren Jahresablauf. Wird nicht der Alltag selbst zu einem festlichen Ereignis, wenn wir am Abend bei hübsch gedecktem Tisch, Kerzenschein und angenehmer Musik mit Freunden den Tag ausklingen lassen? Ohne die Lichter der Feste wäre unser Alltag grau, öde und erschöpfend. „Saure Wochen, frohe Feste!" dichtete Johann Wolfgang von Goethe, und gab damit der Notwendigkeit nach einer Rhythmisierung des Lebens in Alltag und Fest gültigen Ausdruck.

Von allen Lebewesen kann nur der Mensch Feste feiern. Feste repräsentieren in unserem Leben das, was nicht funktional, nicht zweckgebunden ist. Sie sind das Besondere, das uns vom Alltag befreit. Wir kleiden uns besonders, wir trinken Wein, speisen ausgiebig, machen Musik oder tanzen. Wir begehen Feste, um die Sachzwänge des Alltags abzuschütteln, uns auszuleben und das Leben zu feiern. Feste sollen Höhepunkte sein, die mit Freude, Überschwang und Verschwendung einhergehen. Festtagserfahrungen sind wie Inseln der Freiheit, Unterbrechungen des Tagesablaufs, die uns unsere Sorgen, Schulden und Lasten vergessen lassen; Markierungen, die uns daran erinnern, daß wir in der Geschichte leben und daß die Geschichte in uns lebt. Einher mit ihnen geht oft die Ahnung einer Welt von Ekstase, Hoffnung und Geborgenheit. Festlichkeit heißt in den Worten des Altmeisters der Festlehre Josef Pieper: die Welt gutheißen und ihr aus besonderem Anlaß auf unalltägliche Weise begegnen.

Zu einem gelungenen Fest gehören Überraschung, Unerwartetes, Wunscherfüllung und Gemeinschaft. Auf Festen sind wir bereit, unsere Privatsphäre weniger zu schützen. Wir zeigen uns mehr als sonst und erlauben uns, andere länger anzublicken, anzusprechen oder zu berühren. Das hängt wohl mit einer stillen Übereinkunft zusammen, die uns gestattet, auf Festen ein anderer zu werden, ein neues Selbst zu erproben, unsere Alltagsrollen abzustreifen. Namenlose Erwartungen, Sehnsüchte, ein unbestimmtes Suchen spielen dabei eine Rolle sowie der Wunsch, Kontakte zu vertiefen und neue Kontakte zu knüpfen.

Aber welche Feste können wir noch feiern? Die Sehnsucht nach Festen scheint in unserer Zeit zuzunehmen, auch die Anlässe werden dementsprechend vielfarbig: Stadt- und Straßenfeste, Gartenfeste, Cliquen- und Vereinsfeste, Parties und Feten versuchen durch Konsum und Wirbel das wettzumachen, was in unserer Zeit an Festlichkeit entzaubert wurde.

„Feste feiern ist besser als feste arbeiten!" heißt eine Redensart. Damit ist nicht nur die Opposition von Alltag und Fest, sondern auch von Arbeit und Fest gemeint, die sich auf die biblische Aussage bezieht und besagt, daß der eine Bereich ohne den anderen nicht existent wäre. Feste sind also das Nicht-Alltägliche, das Besondere – die Ausnahme. Es ist heute schwierig geworden, Feste zu feiern. Darin schlägt sich nicht nur die allgemeine Krise von Spiel, Phantasie und Kreativität nieder, sondern auch die fehlende Nähe zum Alltag. Früher hatten bäuerliche Erntefeste eine natürliche Nähe zum Arbeitsalltag. Man feierte den gelungenen Abschluß der Arbeit. Je weniger wir heute unsere Arbeit selbst organisieren und als sinnvoll empfinden, desto weniger stellen sich im Zusammenhang mit der Arbeit Anlässe ein, etwas zu feiern. Vielleicht lebt die Arbeit wie auch das Fest aus der gleichen Wurzel; wenn das eine entfremdet und sinnleer ist, verkümmert auch das andere. Hinzu kommt der Bruch zwischen Arbeit und Freizeit, der sich auch darin zeigt, daß man eigentlich täglich feiern könnte. Für manche hat das dazu geführt, daß sie Feste grundsätzlich ohne jeden Anlaß feiern, was aber nichts mit Spontaneität zu tun hat, sondern eher Willkür bedeutet. Wir stehen heute vor der Schwierigkeit, Feste zu inszenieren, wo der Alltag kaum noch Anlässe stiftet. Der Genuß verschwindet, statt dessen bedeuten Feste oft nur noch, daß mehrere Personen zur gleichen Zeit am gleichen Ort etwas gemeinsam konsumieren, ohne daß ein Rückbezug zum Alltag besteht. Selbst bei Familienfeiern ist dieser fehlende Bezug spürbar geworden. Auch die Individualisierung trägt dazu bei, daß gemeinschaftliche Traditionen aussterben und damit wichtige Stätten für Feste. Man trifft sich zu Geburtstagen oder Hochzeitsfesten zum gemeinsamen Konsum, um dann oft für Jahre wieder auseinanderzugehen. Feste sind zu isolierten Einzelerfahrungen geworden und vermitteln keine

Geborgenheit mehr. Die entsteht eben nur im menschlichen Miteinander durch Gespräch, Körpernähe, Hörnähe, Blicknähe und Berührung.

In ursprünglichen Gesellschaften war das Fest der zentrale Ort der Besinnung auf die Ursprünge, die Ausrichtung im Großen und die verbindenden Geschichten. Zum Fest gehörte das kulturelle Gedächtnis der Ursprungsmythen, Geschichtsüberlieferungen und Bräuche, auf das sich Gruppen in ihrem Bewußtsein der Einheit und Eigenart stützten. Dies hängt nach Jan Assmann damit zusammen, daß der Mensch darauf angelegt ist, in zwei Welten zu leben. Das Leben kann im Alltag nicht aufgehen, es braucht Orte für das im Alltag Ausgeblendete. Andernfalls breitet sich eine Langeweile aus, eine Art Zivilisationsmüdigkeit, die in Destruktivität umschlagen kann. Diese Parallele von Krieg und Fest als Ventil und Ausstieg aus der Alltagswelt ist in der Literatur oft beschrieben worden. Will man verstehen, was Feste sind und leisten, so muß man zunächst einmal Phänomene des Alltags betrachten, die den Hintergrund für den Ausgleich durch Feste bedingen. Unser Alltag ist gekennzeichnet durch eine Haltung von Wachsamkeit, Sorge, Sich-Einstellen auf Notwendiges, Routine, Effizienz, Horizontverengung und emotionale Reduzierung. Hier geht es um Orientierung im Kleinen, um die Tagesordnung. Dabei handelt es sich letztlich auch um einen Mangel an Sinn, der mit der Veralltäglichung des Lebens einhergeht. Diese Veralltäglichung hängt mit dem Zwang zur Arbeit und Arbeitsteilung zusammen, die letztlich ein Handeln in eng umschriebenen Handlungsgrenzen ist. Dies fördert Streit, Unfrieden, Neid und Gewalt. Und gerade diese Aspekte werden im Fest aufgehoben. Feste schaffen einen Ausgleich und stellen Bühnen bereit, in denen sich das im Alltag ausgeblendete Andere, die Orientierung am Großen, an Geschichten und Ursprüngen ereignen kann. Dies entsteht aber nicht von selbst, es muß inszeniert werden im Gegensatz zum Alltag, der von einer gewissen Beliebigkeit, Banalität, Ungeformtheit und Zweckorientiertheit gezeichnet ist. Der alltäglichen Knappheit und Enge stehen im Fest die Verausgabung und Fülle gegenüber. Der Routine stehen im Fest die Besinnung, und der Selbstbeherrschung die Aufwallung der Gefühle mitunter bis ins Rauschhafte gegenüber. Kurzum: Das Fest intensiviert, was im Alltag zurückgehalten werden muß. Das Fest ist die Befreiung der Gefühle.

Die Unfähigkeit zu feiern, die uns heute nachgesagt wird, ist zugleich auch ein Zeichen, daß die Fesseln der Natur heute nicht mehr direkt spürbar sind. Was früher von der Außenwelt als Entbehrung und Eingespanntsein erlebt und als Hoffnung auf Befreiung und Entlastung aus ihr gefeiert wurde, hat heute kaum mehr Bedeutung. Wir entbehren heute anderes: Hunger nach Kommunikation, Begegnung und Mitmenschlichkeit. Daher müssen unsere Feste heute sozial mehr und anderes leisten als früher. Dementsprechend fallen unsere Feste auch anders aus.

Es scheint so etwas wie ein elementares Bedürfnis nach kollektiver Zugehörigkeit und Gruppenbildung zu geben; der Mensch bedarf des Mitmenschen, um Identität herauszubilden. Der Mensch, der feiert, besinnt sich auf seine Zugehörigkeit zu einer Gemeinschaft. Kultureller Sinn reproduziert sich nicht von selbst, er muß in Gang gehalten und inszeniert werden. Kurzum: Wir brauchen Feste als Ausdruck des Dazugehörens. Sie müssen nicht spektakulär sein. Aber wir brauchen Höhepunkte, die uns mit dem Leben versöhnen, denn nach einem Fest werfen wir einen anderen Blick auf die Wirklichkeit als vorher.

Geben Sie dem Zufall eine Chance, und laden Sie spontan ein paar Freunde ein. Sie brauchen sich nicht den Kopf zu zer-

brechen, was Sie kochen sollen, weil jeder etwas mitbringen soll. Auch Ihre Gäste müssen sich keine Gedanken machen, was sie anziehen sollen, weil Sie es auch nicht tun. Machen Sie keine Vorgaben, das bringt die größten Überraschungen. Je mehr Gäste Sie bitten, desto bunter wird die Auswahl, aber auch kleine Zusammenkünfte können sehr spaßig sein. Denken Sie auch an Abwasch und Aufräumen. Hilfreiche Geister gibt es immer, und gemeinsam macht es viel mehr Spaß.

Wenn Sie sich mit einer Extraportion Energie ausgerüstet fühlen, mit dem Bedürfnis, die guten Dinge des Lebens zu teilen, und mit der Kunst, aus kleinen Anlässen ein Fest zu machen, dann schlage ich folgende Variante vor:

Bereiten Sie ein Fest vor. Überlegen Sie, welchen Anlaß Sie feiern möchten. Hat jemand eine neue Stelle bekommen? Ist jemand von einer Krankheit genesen? Steht ein Jahrestag vor der Tür? Eine Prüfung bestanden? Oder haben Sie einfach Lust, wieder einmal mit Ihren Freunden zusammen zu feiern? Besprechen Sie Ihr Vorhaben mit anderen, tauschen Sie Ideen aus, und bereiten Sie es am besten gemeinsam vor. Worauf legen Sie Wert – Musik, Spiele, Verkleidungen, Essen oder Gespräche? Seien Sie nicht enttäuscht, wenn nicht alle erscheinen. Die, die wirklich kommen wollen, werden gute Laune mitbringen.

Besinnen

Die Orte der Besinnung sind vom Verschwinden bedroht: das Gespräch zwischen Freunden, die Zeit für Zärtlichkeit, die Bank vor dem Haus, das Erzählen mit Kindern, das Abendgebet – oder sie werden immer weniger aufgesucht, wie die Kirchen, Kapellen, Wälder und Flüsse. Wir leben in einer besinnungs-losen Zeit. Auf der einen Seite die Vereinzelung, auf der anderen Seite eine Überflutung, die unsere Sinne überwältigt und damit undurchlässig für Sinn macht. Wir können uns einmal fragen, wie viele unserer täglichen Aktivitäten so gesehen unsinnlich oder gar sinn-los sind. Beides führt zu einer Art Bewußtlosigkeit, die das Gegenteil von Lebendigkeit ist.

Wird recht verstanden, was mit Besinnung gemeint ist, so kann auch dem oftmals vorgebrachten Einwand, es handle sich um ein isoliertes Zurückgeworfensein auf sich selbst, begegnet werden. Besinnung geschieht durch die Sinne. Durch sie erleben wir, daß wir leben. Besinnung beginnt mit der Wahrnehmung der eigenen Empfindungen, Gefühle und Gedanken. Sie ist Ausdruck der Verbundenheit mit dem eigenen Leib, den anderen, den Dingen und der Geschichte. Dieses Zusammenwirken macht deutlich, in welch vielfältiger Bedeutung „Besinnung" zu verstehen ist: Sie meint Hören und Gehörtwerden, Sehen und Gesehenwerden, Berühren und Berührtwerden. Besinnung ist also nicht nur auf den inneren Resonanzraum gerichtet, sie richtet sich auch nach außen. Wenn unser Blick auf einen Baum, auf ein Bild, auf einen

Stein fällt, über das Meer oder eine Landschaft schweift und in unserem Inneren Resonanz oder Echo findet, dann geschieht Besinnung im Zusammenspiel von innen und außen. So kann Besinnung Ausgangspunkt weiterer Überschreitungen werden, wenn sie Sinn und Sinnvolles als Ordnung im individuellen Bereich aufnimmt und auch auf einer überindividuellen, transzendenten Ebene erscheinen läßt.

In der alltäglichen Hektik mag es als Zeitverschwendung erscheinen, wenn wir unser Tempo herunterfahren, abschalten und eine Pause zur inneren Besinnung einlegen. Wenn wir an einer Tankstelle anhalten, um Benzin nachzufüllen, weil der Tank des Autos fast leer ist, empfinden wir dies wohl kaum als Zeitverschwendung. Warum also nicht die Besinnung als eine notwendige, nützliche und wertvolle Art des Auftankens in unser Leben integrieren? Die Kraft und Zeit, die sie uns wiedergibt, übersteigt bei weitem die Minuten, die wir dafür aufwenden. Ob wir morgens beim Erwachen oder abends vor dem Zubettgehen, während einer Arbeitspause oder nach einer Mahlzeit eine Pause zur inneren Besinnung einlegen, bleibt uns überlassen. Wesentlich ist nur, daß man langsamer tritt und die Kunst des Seins erlernt. Dazu muß man, um in C. G. Jungs Worten zu sprechen, psychisch geschehen lassen können. Also nicht mit dem Bewußtsein ständig helfend, korrigierend und negierend dazwischenspringen oder sofortige Antworten, Inspirationen oder Lösungen erwarten, sondern das einfache Werden der seelischen Prozesse in Ruhe sich entfalten lassen. Das heißt: nichts tun. Einfach atmen. Besinnung rückt damit in die Dimension von Achtsamkeit. Achtsamkeit im Auffinden erfahrener Schönheit, Nachklang von Musik, Erinnerung an Bilder, Widerhall von Naturereignissen, Staunen über Wunder, Erinnerung an Begegnungen und Erlebnisse, die in uns ein Echo ihrer Schönheit wecken.

Die andere Art der Besinnung ist nicht von außen kommend, sondern in uns selbst, in dem Raum, in dem wir uns unserer Einzigartigkeit bewußt werden. Indem wir uns auf uns selbst besinnen, schenken wir unserem Leben mehr Aufmerksamkeit und bereiten uns auf Veränderungen vor. Jeder Vorgang des Sichveränderns beginnt mit der Besinnung auf das, was war, was ist und was sein könnte. Wenn wir die Begleiterscheinungen der Bewußtwerdung akzeptieren, die manchmal auch unangenehm sein können, dann geschieht ein Schritt in Richtung Zukunft. Wir lernen zu verstehen, welche Lektion nun ansteht. Dies ist der Moment, wo aus der Besinnung Sammlung entsteht. Wir werden durchlässig für Sinn.

Wie zentral die Besinnung sein kann, war für mich eindrucksvoll aus den Schilderungen einer Patientin abzulesen. Durch Besinnung auf ihren Körper, den sie als ihren eigentlichen wahrnahm, gelang es ihr, trotz ihres durch Krankheit deformierten Körpers, sich als leuchtend und schön wahrzunehmen. Wir können zu innerer Schönheit und Freude finden, wenn wir der Besinnung Raum und Zeit geben, denn Besinnung ist eine kostbare Möglichkeit, verlorengegangene Anmut und Verbundenheit wiederzufinden.

Freude

Rufen wir in uns ein altes Geheimnis wach, das wir in das Proviantgepäck unseres Erwachsenendaseins stecken müssen: die Kunst, sich zu freuen. Wie kostbar sie ist, erkennt man am besten daran, wenn man einen Menschen trifft, von dem es heißt: „Er kann sich nicht richtig freuen.“ Wie wohltuend ist es andererseits, wenn ein Mensch sich über Kleinigkeiten freuen kann und damit seine Mitmenschen wärmt! Freude steht im Gegensatz zur Abstumpfung, Leere und Gleichgültigkeit, die als moderne Zeiterscheinung beklagt werden, und deren Kälte wir fühlen, die aber niemand für sich selbst gelten lassen möchte. Freude ist für mich untrennbar mit dem Gefühl von Dankbarkeit, Großzügigkeit und Wohlwollen verbunden, ohne zu bestimmen, was zuerst kommt, die Freude oder die warmen Gefühle. Freude ist ein menschliches Herzensbedürfnis, das seinen Ausgang darin nimmt, daß man die Idee hat, etwas anderes als das Gewohnte, Routinierte tun zu wollen. Es sind ja nicht die Dinge, die Freude bereiten, sondern die dahinter spürbaren Gedanken, die Handreichungen von Herz zu Herz, die ihren Ausdruck in den Gesten und Dingen findet. Auf dieser Spur, die das Herz weist, erleben wir die tiefsten und auch innigsten Freuden, die mit Gaben – das kann das Glas mit selbstgemachter Brombeermarmelade oder ein kleiner Zettel sein – oder direkt zwischen Menschen entstehen, die sich darüber freuen, daß der andere da ist. Wer dieses Sich-Aufeinander-Freuen zwischen Liebenden, Freunden, Freundinnen noch kennt, verspürt auch die Dankbarkeit für dieses Gefühl, das aus der Tiefe unseres Herzens kommt, dort wo man noch echte Freude verspürt. Antoine de Saint-Exupéry hat es auf den Punkt gebracht: „Man sieht nur mit dem Herzen gut."

Psychologische Tricks, positives Denken und andere Münchhausen-Taktiken nützen wenig, um die Freude einzufangen. Am ehesten kommt man ihr nahe, wenn man mit Leib und Seele in einer Aufgabe aufgeht, wenn man sich völlig aus den Augen verliert und eintaucht in das Herz der Dinge, wenn man ohne Vorbehalt ganz hier und jetzt in seinem eigenen Innern und in jedem anderen Wesen ist. Diese Erfahrungen, denen wir am ehesten beim Spiel, beim Musizieren, beim Kontakt mit der Natur begegnen und denen niemand ganz entgeht, ob er sich dessen bewußt ist oder nicht, sind schlicht mystischer Natur.

Ist man bereit, Freude zu empfangen und zu geben, so begegnet sie einem oft auf unerwartete Weise. Freude läßt sich nicht einfordern oder erzwingen, sie kommt ungeplant, unvermutet und einzigartig. Ein Geschenk, das uns zuteil wird, wenn wir dafür offen und wach sind. Wie häufig geht sie an uns vorbei, weil wir nicht für sie bereit sind. Tage, an denen wir nichts wahrnehmen, wo unsere Sinne nach innen gestülpt sind. Oder wenn wir Schmerzen haben und wenn düstere Gedanken und Ängste sich nicht vertreiben lassen. Dabei weiß jeder, wie schön es ist, wenn die Sinne wach und lebendig sind. Es würde mehr Freude in unser Leben einkehren, wenn wir uns den Luxus gestatteten, unsere Wahrnehmung bewußt zu kultivieren. Die Freude ist von sinnlicher Art, heißt es bei Lin Yutang. Wäre das nicht ein fesselndes Pensum, wenn wir uns vornehmen würden, mehr zu sehen, mehr zu riechen, mehr zu schmecken, mehr zu fühlen und mehr zu hören? Dann würden wir plötzlich die Dinge sehen, die immer schon da waren – Sterne und Wolken zum Beispiel, die Blumen auf dem Weg, ein spielendes Kind, die einfachen Dinge des Alltags. Wir würden entdecken, wie frisches Brot schmecken kann und voller Freude vielleicht sogar entdecken, daß wir einen Körper haben.

So können Sie diese Anregung in die Tat umsetzen:

Halten Sie immer wieder einmal inne, und nehmen Sie etwas wahr mit all Ihren Sinnen: hören, sehen, schmecken, riechen, berühren Sie etwas mit vollem Bewußtsein. Das mag ein Gegenstand, die Natur, eine Person oder etwas in Ihnen sein. Hauptsache, es hat eine Bedeutung für Sie und macht Ihnen Freude.

Das Tragische, der Schmerz, das Leid sind die Zwillinge der Freude. Sich nur eines auszusuchen, ist weder möglich noch wünschenswert. Man muß alles nehmen und damit leben lernen, daß das Pendel der Freude auch in die andere Richtung ausschlagen kann. Wir können es nicht in der Mitte halten. So bedingt das uneingeschränkte Ja zur Freude auch die Bereitschaft, das Leid und den Schmerz gleichfalls anzunehmen. Es gibt jedoch Hindernisse, bei denen es entschieden in unserer Macht steht, sie zu beseitigen. Ich spreche hier von den Geistern des Klagens und Nörgelns. Man kann sich über Pannen im Getriebe ärgern und jammern, aber ist es nicht auch recht und billig, die angenehmen Überraschungen zu würdigen und dafür zu danken? Warum nicht auch unsere Mitmenschen daran teilhaben lassen, zumal wir ihnen auch unsere Klagen und Sorgen zumuten? Wenn wir mit freudigem und beherztem Sprung den Sumpf des Jammerns verlassen und die Tür zur Dankbarkeit und Freude offenhalten, begegnen uns auf Schritt und Tritt kleine oder dann und wann auch größere Freuden, wenn man ihnen eine Chance gibt. Freudige Momente wollen untermauert sein, man kann sich nicht genug dafür bedanken bei seinen Gefährten, den Freunden und Mitmenschen, die uns freundlich begegnen, bei den Elementen und der Natur, die für uns da sind.

Oft genügt es, wenn Sie einfach Menschen grüßen, die Ihnen begegnen. Statt darauf zu warten, daß Sie gegrüßt werden, grüßen Sie selbst einmal zuerst. Auch ein Lächeln kann Wunder wirken. Sie werden überrascht sein, wie Sie durch ein einfaches Lächeln die Atmosphäre an Ihrer Arbeitsstätte, im Supermarkt oder Restaurant verändern können. Lächeln schafft Verbindung, Weitung, Öffnung und bewirkt etwas Gutes, auch wenn Sie es nicht gleich merken.

So wird der Alltag farbiger und freudvoller. Man begegnet plötzlich Menschen, die, wie es in einem Gedicht von Borges heißt, alle auf ihre besondere Weise mit einer manchmal winzigen Geste – „ein Gedicht lesen, ein Kind streicheln“ – und ohne daß sie es wissen, dabei sind, die Welt zu verändern. Ein eindrucksvolles Beispiel dafür gab mir eine Patientin, die die Situation in ihrem Büro wie von Zauberhand verwandelte, als sie eines Tages ihre kleine Mundharmonika mit ins Büro nahm. In ihren Pausen spielte sie immer wieder ein paar Melodien. Nach wenigen Tagen war die vorher angespannte Atmosphäre ohne große Diskussionen wie verwandelt. Sie meinte: „Schon allein die Tatsache, daß ein Instrument in einem Raum vorhanden ist, verändert die ganze Atmosphäre. Meine Mundharmonika war wie ein kleiner Staubsauger, der all die schlechten Energien im Handumdrehen wegsaugte.“ Sie hat etwas erlebt, was auch Sie erleben können: Musik nimmt den Staub von der Seele und läßt sie wieder strahlen.

Gespräche

Ein gutes Gespräch ist so etwas wie „Brot für die Seele“. Ohne das Gespräch wäre das Leben dunkel und ungewiß, sagte der junge Martin Luther schon in seiner ersten Psalmen-Vorlesung. Es geht von Mensch zu Mensch und stiftet verborgene oder offene Solidarität, eine Sinnhaftigkeit, der die Gewalt und die Entfremdung nichts anhaben kann, eine Zuversicht, daß man nicht allein ist, daß man Resonanz und Echo findet. So gesehen ist ein gutes Gespräch eine Form der Nächstenliebe oder Wegbegleitung, die durch wechselseitiges Geben und Nehmen gekennzeichnet ist. Und das ist allemal besser als Haben und Halten. Gute Gespräche geben Kraft, das Schwere des Lebens wieder besser durchzustehen, weil sie auf die hellen Seiten des Lebens aufmerksam machen.

Es gibt die tiefen, schweren, intimen Gespräche, die so etwas wie Handreichungen von Seele zu Seele sind, die wir vor allem innerlich brauchen. Es gibt aber auch Gespräche, die einfach nur unterhaltsam, leicht oder fröhlich sein wollen und einen für ein paar Stunden die Arbeit und Sorgen vergessen lassen. Sie wollen nicht mehr sein, als das, was sie sind – Unterhaltung. Der Wert solcher Unterhaltungen ist nicht zu unterschätzen, sie sind für unseren Alltag etwas unglaublich Wichtiges und Schönes. Denn Sich-Unterhalten bedeutet, aufeinander aufmerksam werden, auf etwas schauen und es hüten. Schließlich weist die Silbe „halt" darauf hin, daß man einander hält, damit man nicht den Halt verliert. Und dies geschieht auf eine leichte, unterhaltsame Art, ohne falschen Zwang, Anstrengung oder großen Aufwand. Sicher geht es auch hier um die Balance von Nähe und Distanz, von Selbstinszenierung und Selbstentblößung. Manche scheuen solche Gelegenheiten, weil man auch vieles falsch machen kann. Aber soll man deswegen vornehme Zurückhaltung üben oder zum notorischen Schweiger werden? Wo deponiert man dann seine Meinungen, Gedanken und Erlebnisse, die man so gern loswerden möchte? Soll man sie mit sich herumschleppen, irgendwohin verpacken oder gar mit dem Computer austauschen? Wo blieben dann die Stimmen, die Gesichter, das Gelächter, der Kaffee und der Wein, die solche Unterhaltungen zu geselligen Höhepunkten machen, die uns aus dem grauen Alltag herausholen?

„Kommt, reden wir zusammen, wer redet, ist nicht tot ...", schrieb Gottfried Benn mit hintergründigem Spott. Er ironisierte damit nicht nur das Gesprächs- und Geselligkeitsbedürfnis einer Gesellschaftsschicht, die sich ihre Zeit mit Konversation vertrieb, sondern auch deren Wunsch nach Selbstbestätigung und Selbstdarstellung. Was würde Benn wohl heute sagen, wenn er unsere Gesprächsrituale erleben würde? Die vergleichsweise harmlose Redseligkeit und Geschwätzigkeit Berliner Salons vor einigen Jahrzehnten ist heute durch die Medien zu einer öffentlichen Gesprächsindustrie expandiert. Zeitkritiker sprechen von multimedialer Geschwätzigkeitsindustrie als Ersatzbefriedigung für eine Gesellschaft, die sich auf dem Weg in die Sprachlosigkeit und den Rückzug ins Private befindet.

In der Tat scheint das Gespräch, wie übrigens auch das gemeinsame Singen, zu den geselligen Mußeritualen zu gehören, deren Glanz heute ziemlich verblaßt. Gespräche aus zweiter Hand, Talkshows und small talk, Lärm und zu laute Musik haben sich zwischen die Menschen gedrängt, Fernsehen und Radio sind zu Gesprächspartnern vieler Menschen geworden. Und wie das Singen, so ist auch das Gespräch zu einer beruflichen Domäne von geschulten Professionellen geworden. Ganze Berufszweige leben davon, daß Menschen sich heute in Ermangelung an Gesprächsmöglichkeiten an professionelle Gesprächspartner wenden, für deren Dienste sie teures Geld bezahlen.

Vielleicht scheuen wir ja zurecht manches Weh und Leid, das mit solchem geselligen Beisammensein verbunden ist. Was wäre, wenn wir uns mit dem kleinen Glück der Unterhaltung zufrieden gäben? Einfach die Freude genießen, daß wir mit anderen ein Stückchen gemeinsam leben, wie es der Philosoph Robert Misrahi so treffend sagte, und dabei lernen, daß jedes kleine Glück auch seinen Preis hat. Es gibt auch Spielregeln für das private Unterhaltungsspiel. Unterhaltungen und Gespräche sind keine Heimspiele, bei denen man darauf lauert, das Gespräch so zu steuern, daß man nur auf Einsätze wartet, um seine eigenen Beiträge unterzubringen. Unterhaltungen haben viel gemeinsam mit einem fairen Fußballspiel. Sobald man eben nur noch eine Stimme hört und die anderen nur noch Zuhörer oder Claqueure sind, so ist das eben keine Unterhaltung, sondern ein Monolog. Gerade die aufregenden, spannenden Geschichten enthalten viel mehr Würze, wenn sie nur einmal erzählt werden. Genau wie in der Musik. Höhepunkte verlieren ihre Wirkung, wenn sie wiederholt werden. Rechthaberei, Arroganz, Muffigkeit, schwarze Galle und Grantlertum – das sind schale Beigaben für eine Unterhaltung. Ebenso wie pausenloses Halleluja und ständiger Frohsinn und Fortissimo, weil diese Stimmungslage keine Schwankungen erlaubt. Ohne Wechsel stumpft selbst der Vergnügteste ab. Deshalb: Gute Unterhaltung braucht beides. Nicht einmal in Köln, in der Hochburg des Karnevals, feiert man das ganze Jahr Karneval.

Kennen Sie die Erfahrung: Sie kommen heim nach einem langen Abend mit endlosen Gesprächen. Obwohl es sehr spät bzw. früh am Morgen ist, sind Sie überhaupt nicht müde, sondern fühlen sich wie aufgeladen, voller Energie, Zuversicht und Heiterkeit und würden am liebsten laut singen: „Freude schöner Götterfunken“. So können Gespräche nachwirken ...

Vielleicht gehört uns die Welt dann wieder mehr, wenn wir uns hin und wieder darauf besinnen, daß wir Gespräche brauchen. Und sollte ein Gespräch einmal schiefgehen, so läßt sich daraus auch ein kleiner Lustgewinn ziehen. Beim nächsten Mal wird es ganz anders!

Vielleicht fällt Ihnen auf, daß Sie schon lange nicht mehr mit Ihren Nachbarn gesprochen haben. Beginnen Sie ein Gespräch mit jemandem, mit dem Sie sich schon lange nicht mehr unterhalten haben. Versuchen Sie, diesem Nachbarn auch menschlich näherzukommen. So schwindet die Anonymität und die Isolation, unter der Sie vielleicht selbst auch leiden.

Singen

Wir haben es alle einmal erfahren: Singen hilft! Und zwar so ziemlich gegen jegliches Übel. „Gesang ist Dasein“, sagte Rainer Maria Rilke. Am unmittelbarsten können wir es noch bei den Kindern erleben. Wenn sie Angst haben, abends allein zu sein oder in den dunklen Keller zu gehen, was tun sie ganz intuitiv? Natürlich singen sie. Weil sie noch wissen, daß Singen eine Art Beistand und Wegbegleiter ist, der nicht nur Ausdruck verschafft, sondern auch ermutigen und befreien kann. Schon ein Kleinkind, das vor sich hinsummt und noch nichts von der Existenz von Liedern oder Musik weiß, macht Musik, und das Instrument, mit dem es spielt, ist es selbst. Jedes halbwegs unverstörte Kind singt Melodien vor sich hin, die es nie von anderen gehört hat. Kann man hier von einem bewußten therapeutischen Einsatz der Stimme sprechen? Sicher nicht. Es ist der Körper, der sich ganz im Sinne der Evolution spontan Ausdruck verschafft, der Auswege aus Angstsituationen sucht, und der die Stille, die uns umgibt, selbst füllt mit Tönen, Lachen, Weinen und Singen. Emotionale Energien werden durch das Singen freigesetzt, bleiben nicht im Körper und können daher auch keinen Schaden anrichten. Das hört gewöhnlich spätestens dann auf, wenn der Musikunterricht beginnt. Und als Erwachsene lernen wir, unseren Gefühlsausdruck zurückzunehmen, Situationen in den Griff zu bekommen und das tapfere „Hinunterschlucken“. Was stellen wir nicht alles an, wenn wir singen sollen oder gar vorsingen sollen! Wir verspannen uns, wir strengen uns an: Jeder auf seine eigene unverwechselbare Art. Im Singen wie im Leben. Dabei ist es gerade jene kindliche Improvisationsbereitschaft, an die man anknüpfen sollte, denn die Stimme ist nicht nur unser wichtigstes Kommunikationsmittel. Sie ist auch ein Barometer für all das, was sich in uns abspielt. An der Stimme hören wir, ob jemand in Stimmung oder verstimmt ist. Singen befreit, wenn Ärger und Unlust wie ein Kloß im Halse stecken. Ich behaupte sogar, Singen ist lebensverlängernd. Zumindest altert man nicht in der Zeit, in der man singt, weil es uns in Stimmung bringt oder umstimmt, unsere Ausdrucksenergie freier fließen läßt, uns entgiftet und körperlich und seelisch flexibel hält. Aber Singen bedeutet mehr. Es ist eine Möglichkeit, sich selbst immer wieder zu begegnen, seine Bedürfnisse kennenzulernen und sie nach außen zu bringen. Singen erlaubt die direkte Umsetzung von Wünschen und Bedürfnissen. Singen ist ein Spiegel unseres Selbst. Wie wir mit unserer Stimme umgehen, spiegelt wider, wie wir mit uns selbst umgehen. Deswegen frage ich meine Patienten immer, wann sie in ihrem Leben aufgehört haben zu singen. Stets erfahre ich, daß es einen direkten Zusammenhang zwischen Lebenskrisen und dem Verlust stimmlicher Äußerungen gibt. Wenn das Leben bedroht oder belastet ist, hören Menschen auf zu singen.

Fragen Sie sich selbst: Wann haben Sie zum letzten Mal spontan gesungen? Gibt es noch Nischen in Ihrem Leben, wo Sie es sich gestatten, lauthals zu singen? In der Badewanne? Auf dem Fahrrad? Beim Kochen? Beim Make-up-Auftragen?

Müttern, die mit ihren Kindern Verständigungsprobleme haben, gebe ich oft die Anregung, statt verbal auszudrücken, was sie von ihren Kindern wollen, es singend zu tun. Schneller kann man Probleme nicht aus der Welt schaffen. Man kann auch singend einen Tag verarbeiten, der Inhalt ergibt sich dann wie von selbst, einfach improvisierend kann man unmittelbar das „zur Sprache“ bringen, was oft verbal mißverständlich oder umständlich gerät. Singen ist Wahrheit in reinster Form, denn durch das Singen wird die Schwelle zum Unbewußten leichter überschritten als durch den Intellekt. Eine ältere Dame meinte:

„Ich habe mein ganzes Leben nicht gesungen und dachte mir, daß ich es, bevor ich sterbe, doch noch einmal gern getan hätte!" Eine ermutigende Aussage, die gleichzeitig besagt, daß es für das Singen niemals zu spät ist.

Singen Sie sich frei. Entdecken Sie Ihre wahre Stimme. Sorgen Sie dafür, daß es einen Ort gibt, wo Sie so singen können, wie Ihnen gerade zumute ist. Das kann lauthals, aggressiv oder zärtlich sein. Es geht nicht um das schöne Singen, um das wir die singenden Künstler beneiden, sondern es geht darum, daß Sie Ihre Resonanzräume öffnen. Erinnern Sie sich an die Zeiten, als es noch diese Zärtlichkeit in Ihrem Leben gab, als Sie mit Ihrem Atem und Ihrer Stimme die Kehle von innen streicheln konnten.

Wenn Sie Schmerzen haben, so gibt es eine einfache, sehr hilfreiche Methode, Ihren Schmerz zu lindern oder womöglich ganz zum Verschwinden zu bringen:

Summen Sie in Ihren Schmerz hinein. Schicken Sie Ihr Summen genau an die Stelle, wo es schmerzt, und spüren Sie die wohltuenden Vibrationen auf der Haut. Unsere Haut hat nämlich auch Ohren.

Singen ist nicht nur ein Verstärker der Persönlichkeit, es ist auch unsere Freund, der uns gestattet, unsere Wahrheit zu leben. Im übrigen heißt Singen auch, sich versenken, verweilen, sich ausdehnen und zusammenziehen, die Aufmerksamkeit bündeln. Es ermöglicht nämlich kleine Fluchten. Und die steigern die Lebensqualität. Also ist es das beste zu singen, singen und nochmals zu singen.

Gastfreundschaft

Gäste, so heißt es in Afghanistan, bereiten doppelt Freude: wenn sie kommen und wenn sie gehen. Und bei uns? Gibt es noch Menschen, die den Satz Goethes in die Tat umsetzen: „Tages Arbeit, abends Gäste, saure Tage, frohe Feste"? Warum tun wir uns so schwer mit diesen schönen Ritualen des Teilens und Feierns? Ist es, weil wir schon genug Streß haben oder nicht mehr bereit sind, Kontakt und Kommunikation zu pflegen, oder weil Gäste unseren Alltag außer Kraft setzen? Natürlich ist es einfacher, irgendwo zu Gast zu sein. Man bekommt das Essen serviert, das Bett ist gemacht. Man wird versorgt, unterhalten, trägt keine Verantwortung und hat keine lästigen Pflichten. Außer ein bißchen Dankbarkeit und ein Gespür dafür, im rechten Moment zu gehen. Anders sieht es aus, wenn man selbst Gastgeber ist. Für viele ein gemischtes Gefühl oder ambivalentes Vergnügen. Wenn man nicht gerade vor Selbstbewußtsein strotzt, verfällt man plötzlich in Putz-, Einkaufs- und Kochaktivitäten. Je nachdem, wie vertraut man mit seinen Gästen ist, können diese Aktionen kleine bis extensive Ausmaße annehmen. Die Angst vor den Augen und Gaumen der Gäste führt in der Tat bei manchen zu regelrechtem Streß, weil man sich auf dem Prüfstand fühlt. Alles Aufräumen! Rezepte wälzen! Aber würde Gastlichkeit ohne diesen Gastgeber-Streß nicht dazu beitragen, daß die Freude an unseren Gästen wieder überwiegen könnte? Das hieße allerdings, darauf zu verzichten, Gleiches mit Gleichem oder gar mit mehr desselben vergelten zu wollen. Und einmal zu überlegen, was hinter der Abschiedsfloskel „Wir werden uns revanchieren!" steckt. Immerhin bedeutet Revanche Rache. Und hinter Rache steckt immer auch eine Niederlage. Die Ambivalenz, die sich hinter dieser Redewendung verbirgt, ist womöglich noch ein Relikt aus Urzeiten, als man in Horden lebte und Fremde als Eindringlinge betrachtete, die ihre friedliche Gesinnung erst einmal unter Beweis stellen mußten, bevor man ihnen das über dem Feuer gebratene Fleischstück anbot. Die Angst vor dem Fremden ist letztlich auch die Quelle der Gastfreundschaft. Der Fremde könnte ja auch ein verkleideter Gott sein, der sich unter die Menschen begibt. Sämtliche Geschichten von göttlichen Gästen mahnen, Gäste gut zu behandeln, weil man nie sicher sein könne, wer sich hinter ihnen verberge. Und im Gegenzug erfuhren die freundlichen Gastgeber himmlischen Segen. Die zwiespältige Haltung gegenüber Gästen schlägt sich auch in der Bedeutung des Wortes „Gast" nieder. Die indogermanische Wurzel *ghostis*, die beides bedeutete – Gegner und Gast –, entwickelte sich im Lateinischen zu *hostis* für den Feind, wie auch *hospes* für den Gast. Erst im späten Mittelalter erhielt das Wort Gast seinen ehrenden Sinn.

Vielleicht lebt in uns etwas von dem archaischen Mißtrauen gegenüber Gästen weiter. Verständlich ist es auch, zumal wir unseren Besuchern unseren eigenen kleinen Kosmos offenbaren. Sie erhalten nicht nur Einblick in unseren Geschmack, sie lernen unseren Lebensstil kennen, unsere Vorlieben und können ablesen, wer wir auch in unserem Wesen sind. Wir zeigen uns und wissen nicht sicher, ob es auf Wohlwollen stößt. Sicher ist die private Geselligkeit einigermaßen heikel, und dennoch sollten wir den Aufwand nicht scheuen, da die Menge der Bereicherungen, die von solchen Ritualen ausgeht, ungleich größer ist. Zunächst einmal beleben Gäste unser Heim. Neue Gesprächsthemen, Anregungen, Themen tauchen auf. Ein bißchen Verschwendung, Großzügigkeit, Sinnlichkeit beim gemeinsamen Essen und Trinken stiften Wärme und Behaglichkeit und wirken auch in den Alltag weiter wie kleine sonnenwarme Inseln. Ein Gastgeber, der gern gibt, ist gewöhnlich mit dem Akt des Teilens schon zufrieden und glücklich. Wenn er darüber hinaus auch noch eine Gegengabe erhält, so ist es ein unerwartetes Glück. Außerdem gibt es keinen besseren Weg, um die heute immer größer werdende Vereinzelung und Vereinsamung zu verhindern. „Geh' oft zum Haus deines Freundes", sagt ein skandinavisches Sprichwort, „denn das Unkraut wird den unbenutzten Pfad bald ersticken." Ob Abendessen oder Sonntagsbrunch, Gasterlebnisse schaffen Gemeinschaft. Ein bißchen Luxus, ein bißchen Sinnlichkeit und heimelige Worte für den unruhigen Geist. Nicht zuletzt eine Entschädigung, daß man sich guten Gewissens seiner Pflichten und lästiger Aufgaben entziehen kann. Jeder hat Verständnis, wenn man nicht abkömmlich ist, weil man eben Gäste hat. Eine überall respektierte Entschuldigung. Ganz zu schweigen von den Genüssen, die man sich ohne Gäste nicht gegönnt hätte. Ich kenne Menschen, die die Sehenswürdigkeiten ihrer eigenen Umgebung nur ihren Gästen verdanken. Ohne sie hätten sie diese Orte nie besucht.

Es gibt kaum eine bessere Übung, um uns aus unseren festgefügten Tagesordnungen und den Gefängnissen unserer bequemen Gewohnheiten zu befreien, als Gäste zu empfangen und selbst Gast zu sein. Das gute und gelungene Leben hat schlechte Karten, wenn man nur den ungeselligen Rückzug ins traute Heim pflegt. Gastfreundschaft hilft uns, den Alltag zu überwinden. Sie schafft Annäherung an die Menschlichkeit, an die Freundschaft und damit auch an eine Lebenswelt, die dem grauen Alltag etwas Farbe gibt. Es wäre schade, wenn unsere Bequemlichkeit die Oberhand gewinnen würde, denn schließlich kann sich jeder nur durch den anderen zu dem machen, was er ist. Deshalb: Haustüre aufmachen für die Gäste!

Laden Sie doch einfach einmal wieder Ihre alten Freunde als Übernachtungsgäste bei sich ein! Wie wäre es, nach langer Zeit wieder einmal zusammenzusein? Eine Übernachtung reicht völ-

lig aus, ein Wochenende wäre aber besser. Können Sie das neue Zusammensein nutzen, um die Beziehung zu vertiefen? Oder spüren Sie eine gewisse Entfremdung?

Kennen Sie jemanden, der Ihnen in letzter Zeit bei einer bestimmten Gelegenheit besonders behilflich war? Laden Sie ihn doch einmal ein.

Teilen Sie mit jemandem die blaue Stunde. Bereiten Sie einen besonders guten Tee zu, und reichen Sie besonders lekkere kleine Sandwiches auf Ihrem besten Porzellan. Decken Sie den Tisch mit Blumen und Kerzen, und legen Sie verträumte Musik auf. Falls Sie niemanden kennen, mit dem Sie diese besondere Nachmittagszeit teilen können, seien Sie sich selbst Ihr eigener Gast, und verwöhnen Sie sich einmal besonders, und träumen Sie in den Abend hinein.

Freunde

Wenn Menschen von ihren Freunden sprechen, geraten sie leicht ins Schwärmen: von der Offenheit, dem Humor, der Intensität, der Freiheit und der Unkompliziertheit. Wie kaum eine andere Beziehung ist die Freundschaft nicht institutionell gesichert wie etwa die Ehe, mit der sie einiges gemeinsam hat. Deswegen ist sie freier, unbestimmter, unkomplizierter. Es gibt zwar Spielregeln und Rituale, aber keine einklagbaren Rechte oder Gesetze. Freundschaft – eine anwendungsfreundliche, verschleißfreiere Variante der Liebe – könnte man salopp sagen. Ein lebensnotwendiger Gegenpol zum einsamen und mißtrauischen Rivalitäts- und Konkurrenzgebaren unserer Zeit, die von Häppchen- und Augenblicksbegegnungen lebt, in der quäkende Anrufbeantworter, Faxmaschinen und E-Mail die Aufgabe der Zuwendung und Pflege von Beziehungen übernommen haben.

„Komm doch mal vorbei!" Was für eine schöne, herzliche Aufforderung, wenn man weiß, daß man sich die Freiheit nehmen darf, sie dann einzulösen, wenn einem danach zumute ist. Auch wenn es Wochen und Monate ginge, würde sich nichts an dem Gefühl der Freundschaft ändern. Natürlich gibt es Freunde, die ihr Fernbleiben fürsorglich einzukleiden wissen: „Ich kann dich doch nicht bei der Arbeit stören!" Als müßte man auf Freunde verzichten, wenn man ein arbeitender Mensch ist. Selbst mitten in der Arbeit – wie gut tut ein vertrautes Gesicht, eine warme Hand oder ein aufmunterndes Wort! Wie viele müßten ihr Leben, zumindest tagsüber, als Einsiedler verbringen, wenn sie nur Freunde empfingen, wenn sie keine Arbeit hätten! Sonderbar diese Ziererei selbst unter Freunden. Warum nicht einfach den PC abstellen, Stift aus der Hand, Papier beiseite, Türe öffnen für die Freunde?

Haben Sie schon einmal überlegt, mit wem Sie am liebsten Ihre ganz persönlichen Fragen und Probleme besprechen würden? Oder: Gibt es einen Freund, bei dem Sie in der Not anklopfen könnten? Würden Sie Ihrem Freund zu jeder Tages- oder Nachtzeit die Türe öffnen?

Ist es ein Produkt von Zeitknappheit und Zeitdruck, daß wir uns zu wenig Zeit für Freunde nehmen? Warum empfinden wir es als zeitraubend, Freunde zu treffen oder einzuladen? Weshalb das ständig schlechte Gewissen wegen der vielen unerledigten Dinge? Es scheint, als wären wir alle Individualisten geworden mit festen Lebensritualen, eingefleischten Gewohnheiten und gelegentlich miteinkalkulierten Eskapaden. Wenn man mit Emmanuel Lévinas verstanden hat, daß der „Andere" für unser eigenes Selbst eine Priorität hat, dann ist dieser Rückzug, dieses Sich-Verweigern auch Identitätsgefährdung. Man wird zum Eigenbrötler und damit ungenießbar.

Im Wort „gemein-sam“ steckt, was Identität ausmacht. Laut Hilarion Petzold sind es drei Aspekte: Verwobenheit von Identifizierung „Ich kenne dich“, Wertschätzung „Ich schätze dich“ und Identifikation „Ja, ich bin ein schätzenswerter Mensch“, die zu Sicherheit und Zugehörigkeit führen. Passivität, Rückzug und Unterlassung bewirken also nicht nur eine Lähmung dem anderen gegenüber, sondern auch eine Lähmung sich selbst gegenüber. Durch Austausch, Begegnung und Freundschaft werde ich zu jemandem, der nicht nur Glied einer Gemeinschaft ist, sondern auch Zugehöriger.

Wo, außer in Freundschaften, gibt es noch Nischen, in denen man sich so verhalten und zeigen kann, wie man ist? Wo gibt es noch Anerkennung und Wertschätzung, ohne daß man dafür etwas leisten muß, einfach um seiner selbst willen? Zeitinseln mit Freunden sind wie kleine Oasen, wo man noch spüren kann, was es heißt, ein Stückchen Heimat zu haben. Wir können plötzlich, für einen Augenblick, die Möglichkeit einer neuen Welt, einer besseren Zukunft erkennen, weil wir wissen: Ich bin nicht allein. Ich bin gehalten im Glück, das sich Freundschaft nennt. Freunde sind eine Einladung zum Einkehren und Zusichkommen, zum Verdauen und Verarbeiten, zum Kraftholen und Raumgeben. Sie sind Reservate für Sorgfalt, Fürsorglichkeit und Nachdenken, damit es nicht kalt werde in der Welt. Und Busenfreunde sind Freunde, die unser Herz kennen. Allerdings gilt für Freundschaften: Auch sie haben ihre Zeit und können nicht oder zumindest selten für ewig gelten. Vielleicht ist das aber gar nicht so entscheidend, denn letztlich kommt es mehr auf die Intensität einer Freundschaft als auf ihre Dauer an. Und die Intensität unterliegt Wandlungsprozessen und Rhythmen wie wir selbst ja auch.

Freundschaften muß man allerdings pflegen. Auch der Motor der Freundschaft braucht einen Kraftstoff, und der fließt aus der Gegenseitigkeit und nicht aus Schmarotzertum. Wo Freunde

Freunde sind, kann man die wahren Lebensgeheimnisse entdecken – wie der andere seinen Tee kocht, wie er zum neuesten Schnäppchen kam, sein Haarshampoo selbst anrührt und neuerdings sogar Marzipan und eigenen Senf herstellt. Aber man muß sich eben Zeit nehmen, anhalten und seine Freunde besuchen. Selbst wenn Freunde vorbeischauen, eine Tasse Kaffee hat doch wohl jeder, und in die Gastgeberjeans ist man auch schnell hineingeschlüpft. Vielleicht mögen Sie die schöne Sitte, die aus Pommern stammt, wo es in ländlichen Haushalten den „Anhalterkuchen" gab. Ein einfacher Rührkuchen, schön fett, damit er nicht austrocknet, der in einem Steinguttopf wartete und vorsichtig herausgehoben wurde, wenn Besuch anhielt, um ein bißchen zu schwatzen und Kaffee zu trinken. Also, wie wäre es mit einem Anhalterkuchen? Aber dazu muß man eben erst einmal anhalten.

Bäume

Ein Baum ist ein Stück vollendete heilige Natur, mit dem uns Menschen eine eigenartige Liebe oder Ehrfurcht verbindet. Wieso lieben Menschen Bäume? Fragen wir die Wissenschaft. Da werden drei Theorien diskutiert: Erstens: Menschen lieben Bäume, weil ihre Vorfahren sie als Verstecke oder Aussichtstürme nutzen konnten. Zweitens: weil sie den Urmenschen auf überlebensfreundliche Umweltbedingungen hinwiesen. Drittens: Weil sie besonders ästhetische Eigenschaften haben, sie sind fest verwurzelt und ragen in die Höhe, und das findet der Mensch schön. Immerhin hat die moderne Architektur herausgefunden, daß das Publikum Gebäudeformen wie die umgedrehte Pyramide ablehnt, weil man wie bei den Bäumen will, daß eine große Krone auch einen dicken Stamm hat.

Unsere Vorfahren haben die Bäume verehrt und als Sitz der

Götter betrachtet. Bäume haben schon immer eine mächtige Anziehungskraft auf Menschen ausgeübt. Religionen, Mythologien, Gemälde, Skulpturen und Poesie haben sich seit jeher von der schöpferischen Imagination, die von Bäumen ausgeht, inspirieren lassen. Sie waren Symbol der Zuversicht, der Unsterblichkeit und der Verbundenheit mit dem Kosmos. Bäume versorgen uns mit Energie und geben uns Lektionen, denn sie sprechen zu uns und zeigen uns, was sie brauchen: Sonnenenergie, Wasser, Boden und Sauerstoff. Leider ist unser Verhältnis zum Baum und zum Holz heute über weite Strecken durch Vergessen und Entfremdung bestimmt. Es gehört nicht mehr so selbstverständlich wie früher zum Alltagswissen. Der schleichende Tod vieler Baumarten liefert die beeindruckende Quittung dafür. Bäume sind weit mehr als nur Nutzobjekte, die dazu da sind, zu Spanplatten verarbeitet zu werden.

Bäume sind unsere lebendigen, warmen, körpersympathischen, grünen Freunde, die alle unsere Sinne positiv berühren: Wir können sie sehen, ihre Blätter rauschen hören. Wir können sie berühren und ihren frischen Duft riechen. Sie bieten sich uns kostenlos an, um von uns gebraucht zu werden. Sie laden uns ein, uns an sie anzulehnen, sie zu umarmen, auf sie zu klettern, auf ihnen zu sitzen und auszuruhen. Und es gibt Momente im menschlichen Leben, in denen die beste Therapie wäre, so wie ein Baum zu werden: aufrecht, verwurzelt, fest, fruchtbar, blühend und ausdrucksvoll. In den „Memoiren“ des Fürsten Bismarck ist zu lesen, daß er sich an Bäumen aufgeladen hat und so Trost und Kraft fand: „Wenn ich einmal recht elend und trostbedürftig bin, gehe ich in einen Wald und umarme eine junge Birke.“ Und an anderer Stelle: „Viertelstundenlang habe ich mich an eine alte Eiche angelehnt.“ Bei Hildegard von Bingen finden wir mehrere Notizen über den Segen der Bäume. Bestätigen kann ich ihre Anregung über die Edelkastanie: „Wer aus einem Holz einen

Stock macht und diesen in seiner Hand trägt, so daß die Hand dadurch warm wird, dem werden die Kräfte des Körpers gestärkt." Auch Publikationen aus unserer Zeit von René Strassmann und Pauline Felder bestätigen solch alte Erfahrungsweisheit und beschreiben die spezifische Wirkung verschiedener Baumarten und wie man sich an Bäumen aufladen kann. Ich selbst habe erlebt, wie auch abgeschnittenen Holzstücken noch die gleiche Wirkung zu eigen ist wie dem lebenden Baum. Seither sammle ich Aststücke von Bäumen und Sträuchern und gebe sie meinen Patienten nach Bedarf in die Hand. Immer wieder erlebe ich, wie sich nervöse Zustände oder Anspannungen innerhalb von Minuten auflösen lediglich durch das Halten eines Stücks Edelkastanienholzes oder eines Stücks Haselnußstrauches. Einfacher geht es wirklich nicht. Von Pauline Felder lernte ich, daß Birkenholz ein guter Begleiter bei geistiger Arbeit sei und daß durch ein Kirschbaumholz Ruhe, Ausgeglichenheit und Harmonie wieder einkehren. Bei Krankheitsanfälligkeit empfiehlt sie den Holunder und bei Angespanntheit die Zitterpappel oder Espe. Ähnlich wirkt auch das Buchenholz, weil es den Atem vertieft, kühlend und hitzeableitend ist. Ein Kirschbaumstück, oder besser noch, einen lebenden Baum umfangen, bringt Schlechtgelaunten, Griesgrämigen ihre Fröhlichkeit und Harmonie wieder zurück. Wer besonders sensibel oder verletzlich ist, sollte ein Aststück vom Quittenbaum nehmen oder den Baum umarmen. Auch Kinder lieben ihre kleinen Hölzer, die sie mit Vergnügen festhalten und nicht mehr aus der Hand geben wollen. Wer skeptisch ist, sollte es einfach einmal ausprobieren.

Lehnen Sie Ihren Kopf an einen Baumstamm Ihrer Wahl, umfangen Sie den Baum, und atmen Sie ungefähr sieben Mal tief ein und aus. Wiederholen Sie das Atmen solange, bis Sie eine Wirkung spüren.

Bäume haben Körper und Seele. Wie anders ist es sonst erklärbar, daß Menschen unter bestimmten Bäumen Bänke hinstellen, ihr Picknick einnehmen, sich versammeln oder heiraten. Es gibt auch Wälder mit hohen, gotisch anmutenden Anhäufungen von Bäumen, unter denen man sich wie in einer Kathedrale beheimatet fühlt. Auch Bäume bilden Gemeinschaften, sei es nun entlang einer Allee oder eines Weges, in Großgruppen oder als Torbogen, der uns willkommen heißt.

Machen Sie einen Waldspaziergang, und lassen Sie die Bäume auf sich wirken. Vielleicht spüren Sie, daß es Bäume gibt, die sie rufen und einladen. Geben Sie diesem Impuls nach, und umarmen Sie Ihren Baum. Denken Sie darüber nach, wie alles mit allem verbunden ist, wie die Seele des Baumes mit Ihrer Seele spricht, wie Sie beide die gleiche Luft und den gleichen Boden teilen.

Selbst in Städten kann man seine ruhigen Orte unter Bäumen finden. Orte, wo man inmitten des Getriebes Ruhe, Ausgeglichenheit und Harmonie findet. Von den Griechen der Antike können wir lernen, daß man auch mit Bäumen sprechen kann. Sie glaubten daran, daß der Gott Zeus zu ihnen durch einen Eichenbaum sprach. Auch wir können in Zeiten der Verwirrung oder Ratlosigkeit Bäume befragen. Man sollte solch ein Zwiegespräch nicht vorschnell als Projektion oder Selbstgespräch abtun. Bäume können unsere Gedanken und Gefühle empfangen, und häufig werden wir nach solch einem Dialog eine neue, frischere Sicht der Dinge haben oder sogar eine überraschende Lösung finden. In der Kreativitätsforschung gibt es mittlerweile zahllose Beispiele solcher Offenbarungen oder Zufälle. Jedenfalls sollte man sich Bäumen und Sträuchern immer mit Dank und Ehrfurcht nähern. Wer sich in einer meditativen Haltung unseren „grünen Geschwistern“

nähert, kann ohnehin nicht anders, als ihnen mit Staunen und Dank zu begegnen. Sollte man nicht, wie es Martin Luther empfahl, jedem Baum, der einem Schatten spendet, Dank sagen? Oder wenn er gefällt werden soll, ihn um Verzeihung bitten? Selbst wenn Sie dieses Buch lesen, so ist das auch die Begegnung und die Mitwirkung eines verarbeiteten Baumes.

Ein persönliches Ritual, das ich meinem Indianer-Freund verdanke, möchte ich gern mit Ihnen teilen. Er sagte: „Wenn du ein Problem oder eine Wunde hast, suche dir einen Baum, der eine Narbe hat. Dieser hat selbst schon Verwundungen überlebt und ist dazu da, unsere menschlichen Verwundungen aufzunehmen. Übergib ihm deine Angelegenheit, dann schweige und sprich nie wieder darüber." Mein Lieblingsbaum hat mir schon einiges abgenommen, über das ich schweigen kann.

Betrachten

Stellen Sie sich vor, Sie betrachten eine Landschaft. Sie tun nichts weiter, als dazusitzen und zu schauen. Mit der Zeit verschwinden die verstreuten Einzelheiten, und alles läuft irgendwie zusammen, Farben, Gerüche, Bewegungen, Geräusche. Wenn man sich solch absichtsloser Betrachtung überläßt, ist es, als würde man selbst ein Teil des Ganzen werden. Man verliert sich, und zugleich spürt man vielleicht, daß hinter allem eine große Ordnung am Wirken ist. In solchen Momenten braucht man keine Gottesbeweise. Alles scheint so selbstverständlich und gefügt. Die Fülle der Betrachtung und die Einfachheit, die die Versunkenheit freisetzt, entziehen sich der Worte. Man ist Teil des „panta rhei“, des „alles fließt“.

Manche Menschen schätzen es besonders, den Himmel oder das Wasser zu betrachten. Betrachten, schauen – contemplatio – war ja ursprünglich einmal das Betrachten des Himmels auf besondere Zeichen hin. Betrachtung ist mehr als das oberflächliche Ansehen einer Sache. Sie überschreitet das gewöhnliche Sehen, weil sie in die Tiefe geht. Man nimmt nicht nur mit den Augen wahr, sondern mit allen Sinnesorganen des Leibes – mit den Lippen, der Nase, den Augen, den Ohren, den Händen. Eine Musikerin beschrieb es treffend: „Es ist, als würde ich durch Bilder hindurchschauen oder durch Musik hindurchhören.“

Eine Annäherung an das, was Betrachtung sein kann, erlebt man, wenn man beispielsweise die Welt von einer Anhöhe oder einem Berg aus betrachtet. Manchmal erscheint einem das, was man als vertraute Gebäude oder Punkte in Erinnerung hatte, aus dieser Perspektive wie fremd. Wie muß die Welt erst aus der Vogelschau aussehen? Aus der Höhe kann man eine ganz neue Lebensperspektive gewinnen.

Wer mit Leib und Seele in einer Sache aufgeht und sich selbst dabei völlig aus den Augen verliert, begibt sich an den Ort, wo Betrachtung seinen wahren Platz hat – im Herzen der Dinge und zugleich in seinem Innern und in jedem anderen Wesen. Dies sind die Momente, in denen man das Gefühl hat, die Zeit bleibe stehen, man sei überall und nirgends, hier und außerhalb der Zeit. Der Blick auf den eigenen Zustand wird ohne Belang, der Alltagsstreß scheint unbedeutend und weit entfernt – man kommt wieder in das rechte Maß. Man ist völlig präsent und tut nichts. In diesen Momenten, in denen sich das Wesen der Dinge zu erschließen beginnt, liegt auch der Beginn der Versenkung in das eigene Wesen. Wenn wir beispielsweise eine herrliche Blüte berühren, werden wir auch selbst berührt, denn Berühren und Berührtwerden gehören zusammen. Eine Patientin beschrieb es so: „Wenn ich einen Baum umarme, ist es, als würde ich auch selbst berührt."

Diese nahezu alltägliche Erfahrung, der niemand ganz entgeht, ob er sich dessen bewußt ist oder nicht, ob er ihre vertraute Fremdheit wertschätzen kann oder nicht, ist in sich selbst ein Stück Gnade. Es gibt Tage, an denen wir aus dem Rhythmus und außer Atem geraten. Gerade sie benötigen ein „Stückchen Ewigkeit", die sich durch diese sensibilisierte Aufnahmefähigkeit ohne jegliche künstliche Hilfen entwickeln läßt – durch Stilleübungen, Atemübungen, Meditation, Schreiben, Beten und Kontemplation.

Schweigen

Nach langen Diskussionen oder Gesprächen habe ich meist nur noch ein Bedürfnis – zu schweigen. Es ist, wie wenn ich körperlich spüren würde, daß Wort und Schweigen einander bedingen, wie Einatmen und Ausatmen, wie Ebbe und Flut. Wahrscheinlich brauchen Wort und Gespräch Zeit zur Regenerierung, sonst würden sie müde oder verkümmerten, denn es gibt einen tiefen Zusammenhang zwischen dem Wort und dem Schweigen. Wie oft bereut man, gesprochen zu haben, geschwiegen zu haben fast nie. Wie viele Mißverständnisse und Verwirrungen könnte man sich ersparen, wenn man seine Zunge beherrschen könnte. Weshalb haben wir heute das Schweigen verloren? Ist es von der Hektik unserer Zeit vertrieben worden? Warum ist es uns peinlich, wenn Schweigepausen entstehen? Fürchten wir uns vor dem Widerhall in unserem Innern? Um sich diesen Fragen anzunähern, lohnt es sich, das Schweigen etwas genauer unter die Lupe zu nehmen. Es gibt nämlich viele Gestalten des Schweigens. Das beredte Schweigen, das bedrückende, ängstliche, bedrohliche Schweigen, das ruhige, liebevolle, barmherzige Schweigen, das Schweigen des Lebens, wenn sich eine Blüte öffnet, und das Schweigen des Todes. Es gibt auch das Schweigen in der Musik, jene Stellen, die oft als Pausen bezeichnet werden, oder nach einer Bachschen Oratorienaufführung, wenn der letzte Ton verklungen ist und alle in stiller Verbundenheit schweigen. Selten ist das Schweigen mehr hörbar, als nach solch einem musikalischen Erlebnis.

Das äußere Schweigen dient der inneren Stille, in der die Antennen nach innen gerichtet werden. Wer schweigt, bleibt zwar weiterhin in der Sprache, er gibt ihr aber keinen hörbaren Ausdruck. Wer schweigt, ist bei sich selbst in jenem stillen Raum, der überhaupt die Vorbedingung für Denken,

Inspiration und Bewegung ist. Entstehenlassen, hören, warten, sammeln sind seine Quellen, zu denen wir immer wieder heimkehren müssen, um unsere Selbstgespräche zu erneuern und unsere Gespräche zu erfrischen. Ohne Schweigen gäbe es kein Vergessen und Verzeihen, meinte Max Picard (1948). Schweigen bahnt den Zugang zu unserem Herzen, deswegen schweigen Liebende, weil sich im Schweigen die Liebe besser ausbreiten kann als beim Reden. Die Feinspürigkeit, Hellhörigkeit und Hellsichtigkeit, die Liebende umgibt – hängt sie womöglich nicht damit zusammen, daß sie den Regungen ihres Herzens besser lauschen können, wenn sie Verschworene im Schweigen sind? So bereitet sich letztlich jede Wandlung im Menschen durch das Schweigen vor, wie beim Maler die leere Leinwand die Voraussetzung ist, um seine Erfahrungen in Ausdruck umzusetzen. So wie wir ein kulinarisches Erlebnis nur genießen, wenn wir zuvor einen leeren Magen haben, wird auch unser Geist nur dann für Eingebungen empfänglich, wenn er dafür immer wieder freigemacht wird.

Aus meiner Arbeit mit Menschen weiß ich, daß Schweigen nicht nur guttut, es ermöglicht auch Tiefe und vermag manches zu heilen. Wenn wir uns entlasten und Raum für Reflexion und Inspiration schaffen wollen, so sollten wir uns immer wieder mit der Welt des Schweigens in Beziehung setzen, in der sich vieles von selbst ordnet und ausgleicht.

Wie wäre es, wenn Sie versuchten, einmal eine bestimmte Zeitspanne zu schweigen? Das kann eine halbe Stunde, ein Abend oder mit etwas Übung sogar ein ganzer Tag sein. Spüren Sie, wie es ist, wenn Sie keinen Ton von sich geben, keine Meinungen oder Kommentare abgeben, Ihre sämtlichen Energien, die Sie normalerweise ins Reden investieren, für sich behalten. Falls sich das mit Ihrer Arbeit nicht verträgt, vertagen Sie es auf einen freien Tag. Beobachten Sie Ihre Stimmung, Ihren

Energiehaushalt und die Reaktionen Ihrer Umgebung. Was fehlt Ihnen? Was gewinnen Sie dabei? Wie fühlen Sie sich am Ende solch eines Schweigetages?

Vielleicht merkt man nach solch einer kleinen Schweigekur, wie viele unserer Äußerungen lediglich Füllsel, Geschwätz oder Geräuschkulisse sind, weil das Gespenst der Leere ängstigt. Vielleicht erinnert es uns an den überwundenen Anfang, als wir nur schweigend hören konnten – die Stimme der Mutter, des Vaters. Lautet die Folgerung womöglich: Nur wer unablässig redet, scheint nicht tot? Jedenfalls haben meine Beobachtungen gezeigt, daß viele Menschen ihre Empfindungen und Gefühle mit Worten abwehren, als wollten sie sie wegräumen oder wegdrücken. Vielleicht würden wir wieder mehr spüren, empfinden und fühlen, wenn wir uns immer wieder eine Dosis Schweigen auferlegten? Schweigen ist zwar „unproduktiv" und rezeptfrei, aber man kann es sich ja auch selbst verschreiben, wenn man seinem Leben eine neue Ausrichtung geben will.

Lesen

Bevor es Internet und Informationsnetze gab, erfüllten Bücher die Funktion der Wissensvermittlung. Heute ist das Wissen nicht mehr örtlich fixiert, es ist jederzeit von jedem Ort mittels Modem abrufbar. Das ist zwar effizient, aber es ersetzt nicht die Kultur des Buches. Im Unterschied zum Umgang mit visuellen Medien ist das Lesen ein individuelles, sinnliches Erleben. Außerdem macht es größten Spaß, wenn man Leseratten fragt. Wer wird schon mit dem Laptop unterm Arm durch den Schwarzwald wandern? Doch eher wohl mit einem handlichen Taschenbuch.

Zur Lebensform des Lesers bedarf es der Einwilligung, daß sie Zeit beansprucht und eher ein bescheidenes Vergnügen ist, mit dem man kaum Attraktivität gewinnt oder Beifall erheischt. Natürlich gibt es Bücher, die nutzbringend sind und uns Erfolgsstrategien, kommunikative Fertigkeiten und mentale Gesundheit verheißen. Es gibt auch Eltern, die ihre Kinder zum Lesen bringen – nicht zum Vergnügen, sondern aus pädagogischen Gründen, weil es die Sprachentwicklung und das Denken trainiert. Dann gibt es Stimmen, die sagen, warum so viel Zeit vergeuden, wenn man mit einem Videofilm in Kürze ein ganzes Buch serviert bekommt, ohne die Anstrengung des einsamen Lesens? Dagegen spricht, daß Filme uns etwas einflößen, sie existieren sozusagen außerhalb unserer Köpfe, weil sie jemand anderes für uns geschaffen hat, während Bücher in unseren Köpfen entstehen und unsere innere Landschaft befruchten auf eine Art und Weise und in einem Tempo, das wir selbst bestimmen.

Lesen ist eine kulturelle Beschäftigung. Eine Beschäftigung, die mit Rückzug verbunden ist. Eine vorübergehende, freiwillig auferlegte Isolation, die sich durch eine Losgelöstheit vom alltäglichen Leben auszeichnet. Lesen ist eine Form der Selbstbegegnung, die mit Konzentration verbunden ist. Es setzt die Entscheidung und Bereitschaft voraus, sich auf eine Sache voll und ganz einzulassen. Eine Seite umblättern bedeutet ja immer auch, den Inhalt einer Seite auf die nächste mitzunehmen. Lesen kann man nicht nebenher, weil es der Sammlung bedarf. Man entzieht sich willentlich den Zerstreuungen und richtet seine Gedanken auf ein anderes Sein als das rein sinnliche. Beim Lesen gewinnt unser Ich neue Schichten hinzu, unsere Phantasie erhält Flügel, unsere Ängste Linderung und unsere geheime Boshaftigkeit Gründe. Vielleicht werden wir sogar einfühlsamer und achtsamer durch die Schilderung von Gefühlen und Empfindungen, von denen wir vorher nur ahnten.

Verbringen Sie einmal einen Abend ohne Fernseher, Radio oder Zeitung. Bemühen Sie sich, die Außenwelt abzuschalten, um sich auf die Lektüre eines Buches zu konzentrieren. Achten Sie vor dem Zubettgehen darauf, ob Sie sich vielleicht anders fühlen als an rundum informierten Tagen.

Während die Orte der Zerstreuung in unserer lauten Zeit immer mehr überhandnehmen, so sind Rückzugsräume, Oasen, die ungestörtes Lesen zulassen, vom Verschwinden bedroht. Natürlich hat auch in der Vergangenheit immer nur eine Minderheit gelesen, aber heute scheint die Zahl derer, die mit Büchern nichts anzufangen wissen, immer mehr zuzunehmen. Man sagt „Bücher sind teuer“, oder „Bücher brauchen Platz“, oder sogar „Bücher sind Staubfänger“. Das Geheimnis des Lesens erschließt sich aber nur dem, der wirklich liest. Es ist ein eigener Lebensraum, der von manchen als eine Art Kino im Kopf bezeichnet wird. Ein Ausweichen oder Abheben in imaginäre Räume. Aber warum eigentlich nicht? Die Kritik, die in unserer arbeitsbesessenen Welt in Form schlechten Gewissens treffen soll – weil das gute Gewissen auf seiten der Arbeit liegt –, zielt auch auf den Lesehungrigen, der sich nicht um die Verwertbarkeit seiner Lesefrüchte schert. Ähnlich wie der frühere Müßiggänger es sich zur Zeit der Vollbeschäftigung zugestand, den Wert der Arbeit zu negieren, wird heute der Leser der Reizüberflutung nur entkommen, wenn er eine Zurückgezogenheit beansprucht und sich die Freiheit herausnimmt, eigenwillig, nicht rechtfertigend, manchmal respektlos, seinem Begehren nach Sich-Abschließen und Sich-Abheben nachzugehen. Er wird sich den Luxus der Freisetzung von gesellschaftlichen Pflichten erlauben und etwas an die Stelle setzen, was im modernen Freizeitbetrieb nicht eingeplant ist: Lesen als Phantasie-, Konzentrations- und Erfahrungsraum.

Keine Lust zum Lesen? Dann lassen Sie sich von Ihrem Partner aus Büchern vorlesen. Das ist gemütlich und bietet sich als schönes Ritual vor dem Schlafengehen an.

Wer liest, vergißt das Treiben der Welt, Pflichten und Nutzen, Essen und Trinken – er liest einfach. Ohne weite Reisen und Strapazen ist er auf Inseln angekommen. Ist einfach da. „Lesen ist Denken mit fremdem Gehirn", sagte der argentinische Schriftsteller Jorge Luis Borges. Für mich sind Bücher wie Lebensmittel, nämlich lebensnotwendig. Und wie Lieder tragen wir sie in uns, und manche begleiten uns ein Leben lang.

Wenn Sie frei haben, verbringen Sie einmal einen ganzen Tag mit einem Buch. Nehmen Sie sich ein Buch, das Sie schon immer lesen wollten, oder lassen Sie sich von Freunden inspirieren. Machen Sie es sich so gemütlich wie nur möglich. Vielleicht mögen Sie bei schönem Wetter irgendwo im Freien lesen. Unterbrechen Sie die Lektüre nur, wenn Sie Hunger- oder Schlafbedürfnisse verspüren. Genießen Sie diesen eintägigen Ausflug in eine andere Welt.

Eine Frage: Wo lesen Sie? Ich habe selten Menschen getroffen, die sagten „auf dem Stuhl". Scheinbar bedarf das Lesen einer bestimmten meditativen Sitzhaltung, Beleuchtung und Nische. Über eines sind sich aber alle einig: Beim Lesen darf man die Beine ausstrecken und es sich wohl sein lassen. Das ist vielleicht der naheliegendste Grund, um wieder einmal ausgiebig zu lesen. Bücher sind eben lebenswichtig.

Handschriftliches

Warum eigentlich Handschriftliches? Zugegeben, Gedrucktes ist bequemer zu lesen, aber es ist auch glatter und unpersönlicher. Maschinen schreiben zwar schneller, aber ihnen fehlt das Unverwechselbare, Einmalige, das Identifizierbare. Sie hinterlassen keine Herstellungs- oder Gebrauchsspuren. Man braucht einen Schreibenden nur zu betrachten, wie er gebeugt dasitzt und seine Hand in dem ihm eigenen Rhythmus bewegt. Schaut man genauer hin, so kann man sogar wahrnehmen, daß das, was die Hände tun, spüren und gestalten, durch den ganzen Körper leicht mitschwingt. Deswegen ist Schreiben etwas höchst Intimes, Privates, Leibhaftiges, von dem ein besonderer Zauber ausgeht – die Hinwendung zur behaglichen Natürlichkeit in unseren durchzivilisierten Lebensvollzügen.

Mit der Hand schreiben heißt, Eigenzeit in Anspruch nehmen. Das bedeutet, seinen eigenen Rhythmus finden und diesen konkret sichtbar werden lassen. In unserer Zeit heißt das, sich Achtung für die eigenen Bewegungen und zeitlichen Eigensinn zu verschaffen. Zu sich kommen, in sich kommen, auf sich kommen. Und das beruhigende Gefühl: jederzeit innehalten oder abbrechen zu können.

„Fasse dich kurz", hieß es vor ein paar Jahren an Telefonzellen. Heute ist diese Codierung nicht mehr nötig, da die Gabe der Ausführlichkeit ohnehin kaum mehr verschenkt wird. Sie ist für die meisten ein zu großes Geschenk. Um so wertvoller ist es, wieder kleine Nischen einzurichten, in denen wir uns mit Aktivitäten beschenken, die nicht unbedingt nützlich, aber gerade deshalb sinnvoll sind. Das Schreiben mit der Hand ist der unmittelbarste Ausdruck eines Menschen. Warum? Schreiben ist eine Körperbewegung, die sich auf kleinsten Raum zu beschränken hat und mit geringstem Bewegungsaufwand auskommen muß. Je weniger Energieaufwand eine Bewegung braucht, desto mehr ist sie der willkürlichen Steuerung entzogen. Großmotorische, weit ausladende Körperbewegungen kann man steuern und beherrschen, man denke nur an das Tanzen. Dabei ist es sogar möglich, sich soweit zu verstellen, daß man den eigenen, natürlichen Bewegungsstil nicht mehr erkennen kann. Die eigene Handschrift, die eine feinmotorische Bewegung ist, kann man nicht verstellen, weil sie der ureigene, direkte Ausdruck einer Person ist, ähnlich wie der Daumenabdruck. Vielleicht ist das auch einer der Gründe, weswegen man sich die Hand zum Gruß reicht. Man bekommt ein besseres Gespür für den anderen.

Seine Handschrift kann man nicht verstecken. Deshalb sollte man persönliche Botschaften mit der Hand schreiben. Beim Lesen von Handschrift wird man persönlich viel direkter miteinbezogen in das Geschriebene, man wird förmlich zum Schreiber des Gelesenen. Beim Schreiben denken ist das gleiche, wie beim Denken schreiben. Es geht um das Tun. Mit der Hand schreiben ist zwar eine bescheidene, langsame Form der Mitteilung, aber eine unglaublich selbstkonzentrierte. Und eine unbestechliche, widerständige. Aus vielen Zeichen setzt sich die Textstrecke zusammen, die durch beharrliche Kontinuität verfaßt wird. Wer schreibt, ist eigenaktiv und deswegen nicht so leicht verführbar und in Unruhe versetzbar.

Deswegen: Echte Freunde sollten mit echter Tinte schreiben, nicht mit diesen Plastik-Kugelschreibern, die so glatt von der Hand gehen. Echte Freunde schreiben ihre persönlichen Botschaften mit Füllfederhaltern, diesen wunderbaren, handfreundlichen Schreibgeräten, die erst 1883 von Louis Waterman erfunden wurden. Freundschaft braucht Langsamkeit, sonst kann sie sich nicht entwickeln. Und wichtiger noch: Freundschaft braucht Handlung. Hier geht es um das Tun.

Wie wäre es also mit einem dieser liebenswerten Zettel, auf denen eine handschriftliche Botschaft steht?

Oder sein Lieblingsgedicht abschreiben und Wort für Wort noch einmal mit der schreibenden Hand nachempfinden?

Briefe schreiben

Was ist schöner, Briefe zu schreiben oder zu bekommen? Jedenfalls bekommt man nur Briefe, wenn man auch selbst welche schreibt. Glücklicherweise gibt es noch Menschen, die sich Zeit nehmen, nachdenken, den Füllfederhalter zur Hand nehmen, etwas zu Papier bringen und zum Briefkasten gehen. Ein Ritual, das die Sehnsucht nach Verbundenheit wesentlich tiefer auszudrücken vermag als jeder Telefonanruf. Telefonieren kann jeder, das Briefeschreiben, das in früheren Zeiten einmal so selbstverständlich war, ist eine Kunst, die wir erst wieder lernen müssen. Diejenigen, die sich dem technischen Fortschritt verschrieben haben, wollen uns überzeugen, daß Briefeschreiben altmodisch sei, da es viel effizienter und kommunikationsfreundlicher wäre, wenn unsere persönlichen Botschaften via E-Mail auf unseren Computern erschienen. Glücklicherweise gibt es noch Briefeschreiber, denn ich glaube, daß die Welt mit mehr Briefen ein anderes Gesicht hätte. Sie wäre friedlicher, freundlicher und aufmerksamer. Zugegeben, nicht alle Briefe sind ein Vergnügen, aber die Tatsache, daß der Briefträger jeden Tag zur gleichen Zeit, im Gegensatz zum Telefon, das völlig unberechenbar klingelt, als ersehnter Bote erscheint, hat eine magische, mystische Ausstrahlung auf unseren Tag. Eine Reminiszenz grauer Urzeiten an Merkur, den Boten der olympischen Götter, die uns täglich neu hoffen und warten läßt. Vielleicht kommt doch die ersehnte Überraschung, ein Angebot, eine Einladung oder gar ein Liebesbrief? Man weiß ja nie.

Briefe kann man wie ein Stück Papier zerreißen, zerknüllen, zerknittern, aber auch wie einen Schatz aufbewahren, den man immer wieder hervorholen und neu auf sich wirken lassen kann. Man kann innehalten, immer wieder neu lesen, man kann sogar ein Ritual aus dem Lesen machen, es mit einer Tasse Tee krönen und es sich dabei bequem machen. Und das Schönste: Man muß Fragen nicht gleich beantworten wie am Telefon, wo man oft nicht mehr weiß, was man gesagt hat oder sagen wollte. Briefe sind Beziehungsdokumente. Sie sind handgreifliche Beweise der Verbundenheit. Zeichen, die uns vermitteln, daß wir gemeint sind. Zeugnisse, die belegen, daß wir nicht allein sind, daß wir in die Geschichten und Geschicke der anderen verwoben sind. Briefe können berühren, weil sie die Verstehensarbeit persönlichen Lebens und die damit verbundenen Wandlungen in Einstellungen und Haltungen dokumentieren. Briefe sind verdichtete Zeugnisse gesammelter Lebenszeit. Jemand, der Briefe schreibt, kann leibhaftig teilhaben an der Kontinuität des Lebens, wie sie sich in Symbolen und Bildern auszudrücken vermag. Er wird Sprache und Begegnungsfähigkeit gewinnen, weil er etwas ausdrücken will und auch tut. Außerdem kann er beim Schreiben Wirklichkeit verarbeiten, denn durch das Aussprechen kann er die Erfahrungen seiner Verwundungen, Hoffnungen, Enttäuschungen und Heilungen aufnehmen, verstehen und verarbeiten.

Briefe können ein kleiner Beitrag sein, die alles wenden, auch wenn sie von nichts anderem als dem im hier und jetzt gelebten Leben sprechen, von der Arbeit, den Begegnungen, den Freuden, dem Beisammensein, den Hoffnungen. Briefe sind wie Wein und Brot, sagte Johannes Thiele. Ein Halt in dunklen Augenblicken, ein wärmender Lichtstrahl für die Seele oder ein Wegweiser, der uns wieder auf den Weg bringen kann. Neben Gesprächen sind es vor allem Briefe, die uns die Möglichkeit bieten, einander Weggeleit zu geben, Sprachlosigkeit und Entfremdungen zu überwinden.

Je schneller unsere Zeiten werden, desto mehr werden Briefe zum Geschenk an Zeit, die wir dem anderen geben. Jeder kennt sicher ein paar Menschen, die sich einmal wieder Zeit mit ihm wünschen.

Wäre es nicht der Überlegung wert, diesen Menschen eine Stunde zu schenken, in der man ihnen einen Brief schreibt? Briefe soll man nach getaner Arbeit sich gestatten, sagte sinngemäß Gottfried Keller. Also, worauf noch warten?

Tagebuch

Tagebuch schreiben heißt: sich selbst lesen und kennenlernen. Fast jeder von uns hat wohl einmal eine Phase im Leben durchgemacht, in der das Tagebuch ein wichtiger Wegbegleiter war. Die meisten haben es irgendwann wieder aufgegeben und mit anderen unnützen Sachen irgendwo auf dem Speicher abgelegt oder sogar vernichtet. Warum eigentlich? Sind wir so abgeklärt, effizienzgläubig oder vernünftig geworden? Oder sträuben wir uns einfach, die Belanglosigkeiten, Wachstumsschmerzen und Hochgefühle vergangener Zeiten nochmals lebendig werden zu lassen? Sicher ist es nicht immer ein Vergnügen und entbehrt oft nicht des Skurrilen, sich im nachhinein selbst zu lesen. Aber dennoch bleibt das Tagebuchschreiben ein wertvolles Medium der Selbsterforschung, das wie kaum ein anderes einen intimen Austausch ermöglicht, der über die Selbstbeobachtung hinaus eine Brücke zwischen aktivem und kontemplativem Leben schlägt.

Heute denkt man meist, wenn von Lebenskunst die Rede ist, an aufregende Hobbies, Sport, extravagantes Speisen oder Reisen. Doch Lebenskunst meint etwas Tieferes, Umfassenderes. Es geht um Entfaltung, Öffnung und Erweiterung des Bewußtseins, um ein stetiges Sichverändern und Wachsen und ein Annehmen und Aushalten der unausweichlichen Schattenseiten des Daseins. Das verträgt sich nicht mit schnellen Rezepten. Dazu bedarf es eines langen Atems. Wie lernt man das?

Eine solide Basis dafür könnte eine bewußt gepflegte Tagebuchkultur sein. Tagebücher können buchstäblich zur Medizin werden, denn sie sind wie Brennspiegel, in denen sich inneres Erleben und Lebenserfahrungen bündeln. Diese Art des Selbstzeugnisses ist noch nicht sehr alt. Sie entwickelte sich erst im 19. Jahrhundert und war zunächst nur der oberen Schicht und Künstlern vorbehalten. Warum schreibt man Tagebuch? Um gegen das Vergessen anzuschreiben? Um dem Leben eine Struktur und Kontinuität zu geben? Um sich nicht in der Einsamkeit zu verlieren? Um die Lücke des Gesprächs zu füllen? Um einen Beistand oder Gefährten zu haben? Um Krisen oder Trennungen zu meistern? Um Neuanfänge zu markieren? Diese und andere Gründe können dazu beitragen, daß Menschen sich zu Chronisten ihres Seelenlebens machen. Tagebuch schreiben ist etwas höchst Privates. Anderer Personen Tagebuch zu lesen, wird als schwärzere Sünde empfunden, als ihre Telefonanrufe mitzuhören oder ihre Faxe zu lesen. Indem wir uns schreibend selbst suchen, arbeiten wir an unserer Selbstwerdung. Wir verarbeiten Lebenseindrücke und geben uns selbst Ausdruck – eine Botschaft an uns und über uns selbst. Wir stellen eigene Verhaltensweisen in Frage und suchen nach neuen Konfliktlösungen. Manchmal überlisten wir uns, indem wir uns selbst Mut zusprechen. Schreibend können wir ein Stück Lebenszeit und Lebensgeschichte ablegen. Das Tagebuch verhütet, daß sie nicht verloren geht.

Tagebuch schreiben ist eine Einladung zum Zusichkommen, zum Nachfühlen und Vertiefen, zum Distanzgewinnen und

Verarbeiten, zum Wiederholen und Verstehen, zum Ertragen und Überstehen. Tagebücher können hübsch eingebunden und aufgehoben werden, um später einmal hervorgekramt zu werden, damit wir genüßlich in der Vergangenheit schwelgen können. Oder vielleicht auch unsere Enkel, die sich sicher köstlich amüsieren werden über das, was uns einst so wichtig und groß erschien. Das ist doch auch etwas!

Wenn Sie kein Tagebuch führen wollen, wie wäre es mit einem „Nachtbuch"? Ich meine damit ein Traumtagebuch.

Dazu braucht man lediglich ein schönes Heft oder Buch, das mit guten Gefühlen für die eigenen Träume verbunden ist. Schöner wäre es noch, wenn man sich selbst eines anfertigt. Am besten nimmt man unliniertes Papier, damit man darin auch malen kann. Schreiben Sie Ihre Träume auf. Dabei werden Sie merken, daß Ihnen mit der Zeit immer mehr Träume und Einzelheiten einfallen. Manchmal läßt sich ein Traum am besten bildlich darstellen. Dazu braucht man Buntstifte, Filzstifte oder Wachsmalkreiden, damit man die Bewegungen, Farben und Energien des Traumes festhalten kann. Nehmen Sie sich Zeit für Ihr Werk. Durch Träume inspirierte Bilder können nämlich ein wunderbarer Weg sein, seine schöpferischen Kräfte wiederzuentdecken. Der Weg dahin führt über das Ausschalten der rationalen, kritischen inneren Stimmen, man läßt sich lediglich von seiner Hand führen und verläßt sich völlig auf die eigene Vorstellungskraft. Am besten, man geht ganz spontan vor und läßt sich von seinen Bildern leiten.

Beten

Das Gebet, wie viele andere kontemplative Haltungen, hat es nicht leicht in unserer schnellebigen Zeit, in der die stillen Werte als Zeitverlust negativ verbucht und abschätzig Arbeitslosen, Sekten und esoterischen Kreisen zugemutet werden. Die altehrwürdige Lebenspraxis des Gebets, in christlicher Sicht eine Grundhaltung, hat es in der Tat nicht leicht, beachtet zu werden. Der Wert des Betens gehört einem veralteten Vokabular an. Er bringt etwas zum Ausdruck, das zwar im stillen Kämmerlein zuweilen gepflegt wird, aber keine bestimmende Realität mehr in der Mitte unseres Lebens darstellt.

Man kann die Frage, was ein Gebet sei, eigentlich kaum beantworten, da sich die Vielfalt von Gebetssituationen nur schwer auf einen Nenner bringen läßt. Obwohl Bedeutung, Wirksamkeit und Reichweite des Gebets sehr unterschiedlich gehandhabt werden, geht dennoch von allen Gebetsformen eine ähnliche Erfahrung aus. Für mich ist das Gebet der Ort der Intimität mit dem Größeren, Höheren, Tieferen, ein Ort, wo ich mich vertrauensvoll sammeln kann. Dort habe ich die Möglichkeit, all das, was in mir ist, hinzutragen, zu übergeben und zu sagen, was ich sonst niemandem sagen würde. Empfindungen, Gefühle, Gedanken und Sehnsüchte, vor denen ich mich sonst geniere, weil sie zu persönlich, zu unbefangen und zu ungeschützt sind. Solch eine intime Zwiesprache läßt etwas im Innern lebendig werden, das die Fixierung auf das Ich, das Tun auf eigene Faust, den Eigensinn zusammenschrumpfen läßt und relativiert. Was aus dem Alleinsein im Gebet zu lernen ist, kann man mit Sichfallenlassen, Sicheinlassen, Vertrauen bezeichnen, etwas, das seinen Sinn nur in sich trägt und nicht um eines zu erreichenden Zieles wegen. Diese eher privaten Gedanken sollen erst einmal genügen; von Definitionen zu sprechen, verbietet sich ohnehin.

Befragt man das etymologische Wörterbuch, so findet man „Gebet" abgeleitet aus dem althochdeutschen *gibet.* Es weist auf zwei der häufigsten Formen des Betens hin – „bitten", etwas für sich selbst erbitten, und „fürbitten", etwas für andere erbitten. Daneben gibt es auch Dankgebete, Gebete des Bekennens, Lobpreisungen und Klagegebete. Daß Not nicht immer beten lehrt, zeigt eine Allensbacher Umfrage aus dem Jahre 1995. Nur etwa 40% der Bevölkerung beten regelmäßig, und immerhin sollen 66% das Bedürfnis haben zu beten. Nur „Wohin?" fragen viele, denn beten an sich ist kinderleicht, aber ohne Adressaten macht es für viele keinen Sinn.

In allen Religionen wird gebetet. Das Bedürfnis, sich mit etwas Größerem, Höherem, Tieferem zu verbinden, ist die grundlegende Qualität des Betens, die mit unserem Drang nach Ganzheit zusammenhängt. Nach Jahrzehnten der Nichtachtung gewinnt das Gebet heute wieder an Bedeutung. Es ist kein Tabuthema mehr. Davon zeugen zahlreiche Publikationen und Fernsehsendungen der letzten Jahre, auch aus dem Gebiet der alternativen Heilmethoden. Sie sorgen dafür, daß die intime Zwiesprache mit unserem Schöpfer nicht mehr heimlich geschehen muß.

Lärm, Fernsehen, Werbung und oberflächliche Gespräche sind Mauern, die verhindern, daß wir uns höheren Werten zuwenden. Das Gebet ermöglicht uns Fluchten und Nischen im Alltag, die uns Zugang zu einer Welt verschaffen, die wir vielleicht nicht verstehen, aber an die wir glauben. Ob diese Welt nun Göttin, Gott, Vater, Buddha, Höhere Macht oder Allmächtiger genannt wird, immer geht es um ein Verbundensein mit dem Absoluten, um beruhigende Zwiesprache und um Grundvertrauen. Dieses Umhülltsein von etwas Größerem, das die Wurzel unseres Grundvertrauens bildet, beginnt schon im Mutterleib. Dort vernehmen wir die Stimme der Mutter, ihren Herzschlag und das beruhigende Gefühl des Getragenseins.

Später als Kinder setzen wir diesen Dialog fort, wir sprechen zu uns selbst. Und als Erwachsene gibt es wohl kaum jemanden, der nicht irgendwann von der Sehnsucht gestreift worden wäre, sich mit dem Höchsten zu verbinden, wie auch immer man es sich vorstellen mag.

Nach den Theologen Ann und Barry Ulanov ist Beten die grundlegendste, ursprünglichste Sprache, die Menschen sprechen. Es „beginnt ohne Worte und endet oft ohne Worte", sagen sie, weil unsere Seele von Natur aus betet. Beten heißt demnach vor allem Stillesein und Hören, aufmerksam, offen und voller Bereitschaft. Beten kann viele Formen annehmen. Manche folgen den ritualisierten Gebeten der großen Religionen. Manche beten zu einem persönlichen Gott oder einer Göttin. Andere beten nicht im üblichen Sinn, sondern leben in einer tiefen Empfindung des Heiligen. Sie leben eher ein Gefühl der Einheit mit dem Ganzen statt mit bestimmten Formen oder Traditionen. Die Kommunikation mit dem Göttlichen muß nicht nur durch den Kopf geschehen. Wir können sie auch durch den Körper wie im Yoga oder Tantra, durch den Tanz wie im Urchristentum, in Afrika oder bei den Inkas, durch den Atem wie in indischen Meditationskulturen oder durch die Musik herstellen. Wo sonst, außer im Gebet, können wir unbefangen und vertrauensvoll unser Leben ausbreiten?

Wenn Sie einen bestimmten Wunsch für sich oder andere haben, beten Sie um Beistand, daß er in Erfüllung gehen möge. Vielleicht möchten Sie sogar eine Kirche aufsuchen, um dort Ihre Fürbitte auszusprechen.

Gebete wirken. Die Beweise sind einfach unübersehbar, daß Beten selbst über Entfernungen hinweg Veränderungsprozesse von Bakterien bis hin zu Menschen auslöst. Die Tatsache ist, daß Beten funktioniert, und nicht nur so, daß man es in Laborversuchen überprüfen kann, sondern auf die hilfreichste Art, die man sich nur denken kann: als Erinnerung an unsere Herkunft und unsere Bestimmung. Der Arzt Larry Dossey meint: „Das Beten sagt etwas unschätzbar Wichtiges aus darüber, was wir sind und was unsere Bestimmung sein könnte." Es sagt etwas über unser Wesen aus und über unsere Verbindung zum größeren Ganzen. Wer betet, verhält sich zu einem Gegenüber und kann deswegen nicht bodenlos fallen. Wer betet, bleibt in der Not nicht stumm. Er drückt sich aus, weil er weiß, daß es Erhörung gibt. Und noch etwas: Wer betet, wird sich zur Liebe bekennen müssen. Ohne Gebet verliert die Liebe ihr Fundament. Beten führt immer auch zur liebenden Offenheit für den Mitmenschen, zu einer Liebe, die Veränderungen für möglich hält, die Hand anlegt und handelt. Im Gebet kommen wir uns selbst näher, wir spüren tiefer, wer wir sind, und können deshalb auch die anderen lieben, obwohl sie so sind, wie sie sind, nicht nur weil sie so gut sind, das wäre zu einfach. Versuchen wir es immer wieder von vorn, wir werden spüren und einsehen, daß wir uns so mit dem Leben selbst verbinden.

Inspirationen

Marco Aldinger
BewußtseinserHeiterung
Weisheitsgeschichten
Band 5020

Befreit lachen, gelassen über den Dingen stehen – das kann nur, wer sich nicht selbst als Maß aller Dinge nimmt. „Ein brillantes, geistreiches Feuerwerk, das zu lesen ein Vergnügen ist." (ESOTERA)

Es gibt nichts Gutes, außer man tut es
Geschichten von wahren Engeln
Hrsg. von Rudolf Walter
Band 5022

Wahre Engel brauchen keine Flügel. Geschrieben von Helden des Alltags, von der ansteckenden Freundlichkeit des Herzens und von der Kunst des Helfens.

Anselm Grün
Herzensruhe
Im Einklang mit sich selber sein
Band 5023

Leistung und äußerlicher Wohlstand allein können nicht bringen, wonach sich Menschen wirklich sehnen: innere Ruhe und Seelenfrieden. Der moderne Seelenführer zu einem tieferen Leben.

Henry Mittwer
Zauber der Blumen – Ritual der Schönheit
Ein Weg des Zen
Band 5014

Ein Geschenk für das Auge und die Seele. Lernen von der einfachen Schönheit der Natur.

Anthony de Mello
Zeiten des Glücks
Band 5009

Die schönsten Texte de Mellos, die aufmerksam machen auf die tieferen Möglichkeiten des Alltags. Geschichten, die Herzen verwandeln.